1870-1920

Cinquante Ans de Féminisme

PAR

MM. René Viviani, Henri Robert, Albert Meurgé,
G. Lhermitte, Jules Tixerant

MMmes Maria Vérone, Edwards-Pilliet, Blanche Moria,
Camille du Gast, Henry Nathan, Fallot-Matter,
Yvonne Pommay

1921
Edition de la *Ligue Française pour le Droit des Femmes*
14, Rue Milton, PARIS (IX)

CINQUANTE ANS DE FÉMINISME

" Le droit prime la force "

VICTOR HUGO

Premier Président d'Honneur

de la **Ligue Française pour le Droit des Femmes.**

D'après une eau forte de Frédéric Régamey
tirée de *Victor Hugo chez lui*, par Gustave Rivet.

Ligue Française pour le Droit des Femmes

Président d'Honneur : René VIVIANI
Ancien Président du Conseil.

Comité d'Honneur

MM. *Raymond Poincaré*, ancien président de la République, membre de l'Académie française ;
Lyon-Caen, secrétaire perpétuel de l'Académie des Sciences morales et politiques, doyen honoraire de la Faculté de Droit de Paris ;
le Professeur Charles Richet, membre de l'Institut et de l'Académie de Médecine ;
Henri Berthélemy, membre de l'Institut, professeur à la Faculté de Droit de Paris ;
le Professeur Pinard, membre de l'Académie de Médecine ;
Ferdinand Buisson, directeur honoraire de l'Enseignement primaire en France, député ;
Georges Renard, professeur au Collège de France ;
Jules Siegfried, ancien ministre, député ;
Busson Billault, ancien bâtonnier du barreau de Paris, sénateur ;
Henri Robert ancien bâtonnier du barreau de Paris ;
Godefroy, avocat général près la Cour d'appel de Paris ;
Gustave Rivet, homme de lettres, sénateur ;
D'Estournelles de Constant, directeur des Musées nationaux, sénateur ;
Mauger, sénateur ;
Louis Marin, député ;
Jean Bon, ancien député ;
Henri Rollet, juge au tribunal pour enfants ;

Mmes *Jules Siegfried*, présidente du Comité national des femmes françaises ;
Avril de Sainte-Croix, femme de lettres, vice-présidente du Conseil international des femmes ;
Kergomard, inspectrice générale des écoles maternelles ;
Fanny Bignon, docteur ès-sciences, ancien professeur des écoles primaires supérieures ;
Julie Toussaint, ancienne inspectrice des écoles Elisa Lemonnier ;
Bogelot, fondatrice de l'Œuvre des Libérées de Saint-Lazare ;
Jean Bertheroy, femme de lettres ;
Janin, ancienne directrice de l'école Edgard Quinet ;
Amieux, directrice de l'Ecole normale supérieure de jeunes filles, à Sèvres.

Ligue Française pour le Droit des Femmes

1870-1920

La Ligue Française pour le Droit des Femmes célèbre en 1920 son cinquantenaire.

Le 16 avril 1870, quelques personnes — hommes et femmes épris de justice — répondant à l'appel de Léon Richer, se réunissaient et rédigeaient les statuts d'une société ayant pour but « d'organiser l'agitation légale et de faire une propagande active pour préparer les esprits tant masculins que féminins, à comprendre la légitimité d'une revendication progressive des droits inhérents à toute personne humaine, dont nos lois et nos mœurs ont déshérité les femmes ». Cette société prenait pour titre : Association pour le Droit des Femmes.

La guerre interrompit ses travaux, mais la jeune association se remit à l'œuvre dès la signature de la paix. Elle avait pour organe officiel le journal Le Droit des Femmes, *fondé par Léon Richer en avril 1869.*

Malheureusement, à ses débuts, la IIIe République se montra moins libérale que l'Empire. Afin de ne pas effrayer les esprits timorés, et de ne pas s'aliéner le gouvernement, le Droit des Femmes *devint, en septembre 1871, l'*Avenir des Femmes, *et l'Association pour le Droit des Femmes décidait, le 5 juillet 1874, de s'appeler désormais* Société pour l'amélioration du sort des Femmes. *Cela ne l'empêchait pas d'ailleurs d'être mise, peu après, dans l'obligation de se dissoudre.*

En décembre 1875, M. Buffet, ministre de l'Intérieur, fit appeler Léon Richer, lui fit savoir que la société qu'il présidait devait être dissoute, refusa de lui délivrer aucun écrit, mais déclara le rendre personnellement responsable de l'exécution de cet ordre verbal. Le journal Le Droit des Femmes *continuait néanmoins de paraître et la propagande se poursuivait ainsi.*

Profitant de l'exposition de 1878, Léon Richer organisait à Paris le premier Congrès international du Droit des Femmes. Le succès de ce Congrès amena le gouvernement à modifier son attitude. Par arrêté ministériel du 3 août 1878, notifié à M. Léon Richer le 13 août, la Société pour l'Amélioration du sort des Femmes était autorisée. Celle-ci se réorganisa promptement, mais quelques différends étant survenus entre Maria Deraismes, qui devenait présidente, et Léon Richer, ce dernier se tint un peu à l'écart. En novembre 1882, le fondateur de l'Association pour le Droit des Femmes reprenait son ancien titre et ses anciens statuts et faisait revivre définitivement la Ligue Française pour le Droit des Femmes.

Le 21 janvier 1883, l'assemblée générale décidait d'offrir la présidence d'honneur à Victor Hugo. Le jour même, Léon Richer se rendait chez Victor Hugo qui acceptait que la Ligue fût placée sous son haut patronage.

A Victor Hugo ont succédé d'abord Victor Schœlcher, puis René Viviani. Grâce à l'appui de ces hommes éminents et à l'activité de ses présidents et présidentes — Léon Richer, Maria Pognon, Marie Bonnevial, Maria Vérone — la Ligue s'est prodigieusement développée dans toute la France ; son influence a franchi les frontières ; la Ligue Française a toujours été étroitement liée à la Ligue Belge pour le Droit des Femmes, fondée en 1892; elle a aidé à la fondation de la Ligue Roumaine en 1910, et de la Ligue Hellénique en 1920 ; elle s'emploie actuellement à organiser une ligue espagnole.

En fêtant ses cinquante années d'existence, la Ligue tient surtout à rendre hommage à ses fondateurs, à ceux qui luttèrent dans les heures difficiles, et qui n'ont pas eu le bonheur de voir la réalisation de leur idéal.

SOUVENIRS ANCIENS

Ce cinquantenaire fêté par la Ligue du Droit des Femmes me rappelle bien des souvenirs. Et, quoique, notre époque bouleversée ait aboli dans la mémoire la plus fidèle bien des réminiscences, je ne puis me détacher, si lointains qu'ils soient par le temps, des premiers efforts accomplis par le féminisme. C'est en 1885, au mois d'octobre, que je donnai mon premier article au journal « Le Droit des Femmes », fondé par Léon Richer. Ma mère, du fond de l'Algérie, suivait l'évolution de ces idées auxquelles la rattachaient, avec la conscience la plus probe, la tradition républicaine dont elle avait connu la noblesse en accompagnant son père en exil, après le coup d'Etat qui décima le département du Tarn, en 1851, et une culture dont témoignait son brevet supérieur reçu en 1850. Si j'associe ce saint souvenir à ces heures présentes, c'est que je suis redevable à l'éducaion maternelle des idées dont je suis fier et auxquelles me rattache la double fidélité de l'esprit et du cœur.

« Le Droit des Femmes » était une petite et modeste revue, et Léon Richer, aidé de rédacteurs bénévoles, suffisait chaque semaine, à l'animer de son souffle que le temps, la maladie, les privations, hélas ! chaque jour, venaient atténuer. Je me le rappelle dans sa petite maison de la rue des Deux-Gares, tout près de la gare de l'Est.

Photo Manuel

RENÉ VIVIANI

Ancien Président du Conseil.

Président d'Honneur de la **Ligue Française pour le Droit des Femmes**

où nous nous réunissions une fois par mois, le samedi après-dîner. Nous étions alors bien peu nombreux autour de l'homme de justice qui usait les dernières forces de sa vie au combat dont tant de femmes, encore ignorantes, se détachent.

En dehors de notre petit cénacle, un autre, plus vivant et aussi plus riche, s'était depuis longtemps fondé. Il avait pour apôtre une noble femme, Mademoiselle Maria Deraismes. Je l'ai connue en 1889, au moment où l'Exposition ayant appelé à Paris nombre d'étrangers, fut tenu, à la Société de Géographie, le congrès international du Droit des Femmes, dont j'étais l'un des secrétaires. Il y avait, en dépit de la rivalité naturelle entre deux groupes, une union étroite pour l'action et une communauté de vues parfaite. Mademoiselle Deraismes qui, vers la fin de l'Empire, avait commencé des conférences, était une femme d'une haute culture. Tout en soutenant de son esprit — et de sa générosité inépuisable — l'effort de la femme elle suivait l'évolution de toutes les nobles idées. Républicaine de 1848, toujours éclairée d'un haut idéal moral et social, elle a répandu autour d'elle une influence bienfaisante. Les féministes de ce jour ne pourront jamais oublier ce qu'ils doivent, à Léon Richer, l'austère et pauvre artisan de la pensée, qui, en proie à la médiocrité de la vie et à la maladie, du fond d'un foyer modeste a lutté, et à la noble femme qui fit de sa fortune le plus généreux emploi, dont l'esprit et le cœur furent éloignés de l'égoïsme que suggère si souvent la richesse, et qui a donné sa vie à ses idées.

René VIVIANI.

COMITÉ CENTRAL

Présidente : Mme Maria Vérone, avocate à la Cour ;

Vice-présidents : M. Lucien Descaves, de l'Académie Goncourt ;
M. Lhermitte, avocat à la Cour ;

Vice-présidentes : Mme le Dr Edwards-Pilliet ;
Mlle Saffroy, inspectrice générale de l'Enseignement primaire ;

Secrétariat général : Mlle Aubriot ;
Mlle Yvonne Pommay, avocate à la Cour ;
M. Jules Tixerant, professeur au Collège des Sciences sociales ;

Trésorière : Mlle Tarbouriech ;

Trésorier-adjoint : M. Meauge ;

Membres du Comité : MM. Emile Arnaud, président de la Ligue pour la Paix et la Liberté ; Louis Martin, sénateur du Var ; Maurel, député des Bouches-du-Rhône ; Meurgé, avocat à la Cour ; Scheer, député du Haut-Rhin ;

Mmes Marguerite Baulu, femme de lettres ; Brochard, professeur à l'école Sophie Germain ; Maria Bonnet, directrice d'école ; Cavalier, professeur ; Judith Cladel, femme de lettres ; Camille du Gast, exploratrice ; Jézéquel, secrétaire générale de l'Union des Françaises contre l'alcool ; Eugène Simon, présidente-fondatrice de la « Protection du Travail féminin » ; Marguerite Vinci, de l'Opéra ;

Membres suppléants : Mmes Berthe Fusier, du Théâtre Antoine ; Dr Houdré, chef de laboratoire à l'Hôpital des Enfants malades ; Ibos, professeur à l'école Edgard-Quinet ; Gagnot, professeur agrégé de l'Université ; Blanche Moria, sculpteur, ancien professeur au lycée Molière.

Commission de contrôle : M. Finet ; Mmes Blanche Mesnage, de Baillehache, de Tardivel, Lecointre.

Le Fondateur de la Ligue

Léon Richer

Le nom placé en tête de ces lignes doit demeurer éternellement cher et précieux aux femmes françaises, ainsi qu'à tous les cœurs épris de justice et de générosité. C'est celui d'un homme qui noblement sacrifia sa vie à un principe, et qui lutta sans relâche contre les injustices dont est victime la femme.

Léon Richer eut d'autant plus de mérite qu'il était pauvre, et que battre en brèche une routine aussi vieille que le monde, n'a jamais été le moyen de se créer une situation avantageuse.

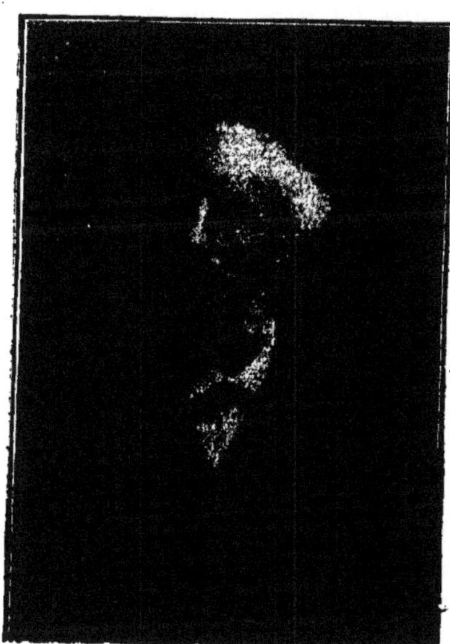

Léon RICHER

Né en 1824 dans une famille aisée, il fut de bonne heure destiné au notariat, mais des revers de fortune le tinrent confiné pendant 15 ans, dans la modeste situation de clerc de notaire à Choisy-le-Roi, aux appointements de 1,200 francs par an. Il avait à sa charge une mère et une sœur dont il était l'unique soutien.

C'est durant cette période qu'il eut l'occasion d'apprécier les injustices du code à l'égard de la femme, et de constater, à peu près quotidiennement, les infamies qui, à l'abri des lois, se commettent légalement contre cette éternelle mineure ; sa conscience alors en était révoltée.

En 1865, alors qu'il collaborait à diverses publications philanthropiques et sociales, il commença dans quelques conférences publiques, au Grand Orient et à la salle des Capucines, à soulever la question des droits de la femme, ce qui le mit immédiatement en mauvaise posture aux yeux de la majorité bien pensante de la société.

Attaché à la rédaction de *l'Opinion nationale* dirigée par Adolphe Guéroult, en juillet 1866, pour succéder à Edmond About, Léon Richer inaugura un genre nouveau ; il traita la question religieuse dans une série de *Lettres d'un libre penseur à un Curé de village*, le succès fut tel que l'auteur dut les réunir en volume. Etant à l'*Opinion nationale*, il fit une vigoureuse campagne en faveur de Mlle Daubié qui voulait se présenter au baccalauréat ; Julie Daubié fut reçue, mais on lui refusait son diplôme qui fut enfin accordé grâce à l'énergie de Léon Richer.

Au mois d'avril 1869, il fonda son journal *Le Droit des Femmes*, qui en 1871 devint l'*Avenir des Femmes*, pour reprendre ensuite son titre primitif en 1879.

Puis le 16 avril 1870 il fonda *l'Association pour le Droit des Femmes*. Le 20 avril 1873 il élabora un projet de loi sur le Divorce avec espoir de le voir déposer sur le bureau de la nouvelle législature. Toute la presse s'en occupa et Léon Richer dut publier en un volume l'exposé des motifs, le projet de loi et les conclusions. C'est ce projet qui fut repris plus tard par Alfred Naquet, un féministe de la première heure.

Le 5 mai 1874, au moment où la *Ligue internationale des Femmes*, fondée à New-York, venait demander l'adhésion de l'*Association pour le Droit des Femmes* pour une action commune en Europe, le Comité, présidé par Léon Richer, décida l'affiliation de l'Association qui modifia son règlement et prit alors le titre de *Société pour l'amélioration du sort des Femmes*. En décembre 1875, Léon Richer dut dissoudre sa Société.

Infatigable lutteur, il ne se découragea pas ; il augmenta le nombre de ses conférences, créa des dîners mensuels et continua la propragande dans son journal.

En mars 1877, il ressuscitait la *Société pour l'amélioration du sort de la Femme* ; il fut réélu président, et se passa d'autorisation jusqu'au 13 août 1878. Dans cet intervalle, il avait fait paraître un volume intitulé : *La femme libre,* et avait préparé un Congrès qu'il réunit en pleine Exposition Universelle (Juillet 1878). Ce premier Congrès international du Droit des Femmes eut un retentissement très grand, et fut vraiment le premier acte important du féminisme en France. A partir de ce moment Léon Richer vit s'ouvrir des portes jadis closes.

En 1879, Laisant, directeur politique du *Petit Parisien,* appelle au poste de rédacteur en chef Léon Richer, dont les chroniques signées *Jean Frollo* étaient très suivies. Il rédigeait des projets de loi, voyait des sénateurs, des députés, trouvant de la résistance chez les uns, mais obtenant les adhésions des autres.

Ayant quitté la présidence de la *Société pour l'amélioration du sort des femmes* à la fin de 1878, il reconstitua, en 1882, *La Ligue française pour le Droit des Femmes,* dont Victor Hugo fut avec enthousiasme le Président d'honneur. En 1883, il publia un ouvrage fort intéressant : *Le Code des Femmes.*

Léon Richer allait en province faire des conférences, et en 1885, après une de ses tournées à Troyes, le Comité Radical lui offrit la candidature. Malheureusement, peu connu des campagnes, il échoua, tout en ayant obtenu un grand nombre de voix. Au début de 1886, Léon Richer avait provoqué la constitution d'une commission extra-parlementaire composée des sénateurs et députés adhérents à la Ligue. Léon Richer faisait partie de cette Commission, à laquelle il présenta, en avril 1886, trois propositions de loi ayant pour objets : 1° l'accession des femmes mariées et non mariées à la possession complète des droits civils et de famille ; 2° la modification des articles du Code relatifs à la nationalité des femmes mariées ; 3° l'émancipation civile des femmes mariées.

On lui doit également le projet de loi sur la recherche de la paternité qui fut présenté par Gustave Rivet, député féministe.

Léon Richer apprenant qu'une nouvelle exposition internationale devait avoir lieu en 1889, décida la réunion d'un deuxième Congrès International du Droit des Femmes. Sa campagne fut fructueuse et ce second Congrès fut une véritable triomphe.

C'est sous l'impulsion de cette imposante manifestation du Congrès que la Chambre a voté la Loi relative à l'électorat des femmes commerçantes pour les tribunaux de commerce, déposée par un fervent féministe, M. Ernest Lefèvre, vice-président de la Chambre.

En 1890, on voit Léon Richer fonder la ***Fédération internationale pour la revendication des Droits de la Femme*** (comprenant la France, la Belgique, l'Angleterre, l'Ecosse, la Suède, la Suisse, l'Italie, la Pologne, la Grèce, l'Amérique (Etat de New-York). Il en fut élu Président. Mais la fatigue et l'âge commençaient à terrasser le vaillant lutteur qui, à la fin de 1891, dut abandonner entre les mains de ses collaborateurs et collaboratrices ses Sociétés, et arrêter la publication de son journal ***Le Droit des Femmes***.

Il suivit toutefois l'évolution des idées et le 25 mai 1902, au banquet qui lui fut offert par les Sociétés féministes pour son 78e anniversaire, il prononça son dernier discours.

Il vécut dans le calme encore quelques années, entouré de l'affection des siens et de quelques amis, et le 15 juin 1911 il quittait cette terre où il eut à soutenir de durs combats pendant plus de 30 ans, pour la Justice et le Droit.

Léon Richer, membre de la Société des Gens de Lettres depuis 1868 et membre de l'Association des Journalistes républicains depuis sa fondation en 1881, s'est fait remarquer comme écrivain. On lui doit un certain nombre d'ouvrages, tous remplis d'une pensée généreuse : ***Le Voisin, Les Propos d'un Mécréant, Alerte, Le Confesseur de ma femme, Le Livre des Femmes, Lettres d'un Libre penseur à un Curé de village, Un Mariage honteux*** (épisode de la guerre de 1870), ***Lettres parisiennes*** (questions politiques), ***La Politique au jour le jour*** (1879-80-83-84-85) 5 volomes, ***Chroniques « Jean Frollo »*** (2 volumes), ***Le Divorce, La Femme libre, Le Code des Femmes***. Si à ces œuvres on ajoute l'incalculable quantité d'articles sur la question des femmes, publiés dans le ***Droit des Femmes*** et ailleurs, on voit que l'existence de l'éminent apôtre a été bien remplie.

Le Conseil de la Société française de secours aux blessés et aux malades des armées de terre et de mer a remis, le 2 juillet 1871, à Léon Richer une croix de bronze et un diplôme en souvenir des bons services rendus pendant la guerre comme co-directeur des Sœurs de France.

Le Maire du Xe Arrondissement de Paris lui décerna une médaille destinée à rappeler le dévouement patriotique dont il a fait preuve pendant le siège de Paris, notamment durant l'hiver 1870-71.

Enfin, le Comité de la Ligue française pour le Droit des Femmes, dans une de ses séances, avait délégué M. René Viviani pour remettre à son vénéré Président une médaille d'argent en reconnaissance de son dévouement.

En juillet 1914, lorsque la Ligue Française pour le Droit des Femmes invita au banquet offert à la presse, les amis et collaborateurs de Léon Richer, M. Albert Cim écrivit à la secrétaire générale :

Jusqu'à sa mort, survenue en 1911, j'ai été en rapports plus ou moins réguliers et fréquents avec Léon Richer, et je garderai toujours de lui le plus cher et le meilleur souvenir.

Richer était un véritable apôtre ; il avait tout le zèle, toute l'ardeur, tout l'enthousiasme, tout le feu sacré nécessaire à sa mission. Il eut bien des ennemis parfois, bien des difficultés au *Droit des Femmes*, dont les bureaux et en même temps le domicile du rédacteur en chef se trouvaient rue de Paradis-Poissonnière, n° 1 bis, dans la maison qui fait le coin du faubourg Saint-Denis. Presque en face, au n° 6 ou 8, demeurait alors Jules Claretie, un des plus fidèles amis de Léon Richer...

Il fut question, quelque temps après sa mort, de donner son nom à une rue de Paris, hommage que nul ne méritait mieux que lui, et plusieurs de ses amis et moi, nous nous efforçâmes d'obtenir ce résultat. Nous échouâmes par suite, m'a-t-on appris, de la plus malencontreuse circonstance ou coïncidence : — « Comment donner à une rue de Paris le nom de Léon Richer, lorsque nous avons déjà une rue Richer ? Cela ferait double emploi ». Voilà ce qui nous fut répondu.

Mais vous ne sauriez trop rendre hommage, c'est-à-dire justice, à ce défenseur, ce pionnier, cet apôtre du *Droit des Femmes*.

Une telle existence, si belle, si remplie, comporte un enseignement fécond. Elle apprend à ne jamais désespérer, à lutter quand même et toujours, car telle est la noble raison d'être de l'homme et de l'écrivain.

Photo Manuel

Maria Vérone

Avocate à la Cour d'appel de Paris.

Présidente de la **Ligue Française pour le Droit des Femmes**

L'Œuvre de la Ligue

Législation civile et Réformes sociales.

Fondée par un homme, la Ligue Française pour le Droit des Femmes fut à ses débuts, et est toujours restée, une association mixte. Parmi les membres du premier comité élu en 1870, on trouve MM. Louis Jourdan, directeur du *Siècle* ; Eugène Pelletan et Gagneur, députés ; Ch. Fauvety, directeur de la *Solidarité*. De nombreux députés, sénateurs et conseillers municipaux de Paris, furent constamment membres de la Ligue ; des écrivains, des savants lui apportèrent leur concours, n'hésitant pas même à donner leur adhésion. Citons parmi ceux-ci : MM. Daniel Berthelot, Emile Deschanel, Alexandre Dumas, Yves Guyot, Laisant, Jean Macé, Frédéric Passy, Auguste Vacquerie, Clovis Hugues, Lucien Descaves.

Bien que les fondateurs de la Ligue fussent partisans de l'égalité absolue des sexes, ils ne s'attaquèrent tout d'abord qu'au Code civil, craignant de ne rien obtenir s'ils demandaient trop. Ils réclamaient : la recherche de la paternité ; le rétablissement du divorce; l'abolition de l'incapacité civile de la femme mariée ; la réforme des régimes matrimoniaux, afin de donner à la femme la libre disposition de ses biens ; la modification de la puissance paternelle, pour soumettre les enfants à l'autorité du père et de la mère ; l'admission des femmes à toutes les écoles et à tous les concours. Ces revendications ne sont pas nettement formulées dans le préambule des statuts adoptés en 1870, mais elles faisaient l'objet de la campagne menée à cette époque par Léon Richer et ses amis. Elles figurent explicitement dans le programme de 1882, qui contient en outre une déclaration relative à l'exercice des droits politiques, et divers articles sur l'application du principe « à travail égal, salaire égal » ; la suppression de la prostitution réglementée, etc. (1).

Méthodiquement, sans se lasser jamais, la Ligue poursuivit la réalisation de son programme qui, depuis 38 ans, ne subit guère de modifications, en dehors des réformes obtenues. Celles-ci sont assez nombreuses, mais que de travail cela représente. Certes, les ligueurs et ligueuses savent bien qu'ils n'ont pas été seuls à lutter ; ils n'ignorent pas que d'autres sociétés féministes se sont créées, contribuant elles aussi à l'œuvre de propagande, mais ils sont fiers de pouvoir dire que la Ligue a participé à toutes les campagnes faites en faveur des femmes, qu'elle a toujours prêté son concours à toutes les associations similaires, n'ayant qu'un seul but : le triomphe des idées féministes.

***

Léon Richer ayant autrefois combattu pour faire admettre les femmes à l'examen du baccalauréat, toutes les questions d'enseignement et d'éducation continuèrent à intéresser vivement la Ligue. Les institutrices trouvèrent toujours en elle un défenseur zélé de leurs intérêts, et c'est bien grâce à la Ligue et à la *Fronde* que l'égalité de traitement qui existait aux premiers échelons de l'enseignement primaire, ne fut pas supprimé en 1902. La Ligue s'occupa également de l'enseignement secondaire, tant au point de vue des programmes que de la situation des professeurs des lycées. Enfin, elle lutta pour faire ouvrir aux femmes les portes de toutes les facultés et des grandes écoles.

Mme le docteur Edwards-Pilliet, qui est vice-présidente de la Ligue depuis de longues années, peut dire toutes les difficultés qu'éprouvèrent les femmes pour être admises à la Faculté de Médecine, ainsi qu'aux concours pour l'externat et l'internat des hôpitaux.

Le rétablissement du divorce fut la première réforme obtenue au point de vue civil, sans doute parce qu'elle intéressait les hommes au moins autant que les femmes. D'autres suivirent,

(1) Voir plus loin le texte intégral des statuts de 1870 et du programme de 1882 (p. 129).

mais combien lentement : droit pour les femmes d'être témoins dans les actes de l'état civil (1897) ; libre disposition du salaire de la femme mariée (1907) ; recherche de la paternité (1912). Profitant de la modification des lois sur le divorce, le mariage, les enfants naturels ou le service militaire, les parlementaires féministes firent introduire dans le code des dispositions plus favorables aux femmes. Il est juste de signaler l'ardeur, le dévouement et la ténacité qui furent apportés, en dehors de la Ligue, par Mmes Schmahl, Oddo-Deflou et Vincent pour faire aboutir quelques-unes de ces réformes.

Dans le domaine économique, la Ligue ne resta pas inactive. Elle se devait à elle-même de ne pas oublier les travailleuses, car, en 1870, une couturière, Mme Marie Ferrand, faisait partie du Comité. Lorsque M. Millerand, ministre du Commerce, voulut désigner une femme pour faire partie du Conseil supérieur du Travail, c'est à Marie Bonnevial, alors secrétaire générale de la Ligue, qu'il fit appel.

La Ligue prit part, en 1896, à l'exposition internationale et coloniale de Rouen, où elle obtint une mention favorable. En 1900, sa participation à l'Exposition universelle lui valut une médaille d'argent ; elle avait, à cette occasion, fait établir des graphiques sur le travail féminin.

***

En décembre 1897, Mme Marguerite Durand, ayant fondé le premier journal quotidien féministe, la *Fronde*, la Ligue trouva là un sérieux appui. Société et journal travaillèrent ensemble et remportèrent de grandes victoires : électorat des femmes aux tribunaux de commerce (1898) ; admission des femmes à l'école des Beaux-Arts (1900) ; admission au barreau des femmes licenciées en droit (1900) ; lois des sièges (1900), obligeant les employeurs à mettre un siège à la disposition de toute employée.

Cette année 1900 doit être marquée d'une pierre blanche. L'année de l'exposition fut aussi celle des congrès. La Ligue pour le Droit des Femmes, pour la quatrième fois depuis 1870, décida d'organiser un congrès international ; celui-ci fut reconnu officiellement, obtint une subvention de 5.000 francs du Conseil municipal de Paris, et siégea au Palais des Congrès.

Sur la liste des membres de la commission d'organisation, présentés à l'approbation du gouvernement par les sociétés féministes ou désignés par le gouvernement lui-même, nous relevons les noms de Mme Clémence Royer ; MM. André Weiss et Henry Berthélemy, professeurs à la Faculté de Droit ; Ferdinand Buisson, professeur à la Faculté des Lettres ; Morizot, substitut du procureur de la République, à Paris ; René Viviani, député ; Lucien Leduc, avocat à la Cour ; Mlle Jeanne Chauvin, docteur en droit. Ces assises internationales eurent un tel succès que diverses réformes en furent la conséquence.

Clémence ROYER

***

Quelques semaines auparavant s'était tenu également à l'Exposition, le Congrès des Œuvres et Institutions féminines qui avait aussi pleinement réussi.

Afin de poursuivre l'œuvre des deux congrès, la fondation du Conseil National des Femmes Françaises fut décidée. Le travail d'organisation fut confié, par les Œuvres et Institutions féminines, à Mmes Sarah Monod, Jules Siegfried, Avril de Sainte-Croix; pour le Droit des Femmes, à Mmes Maria Pognon, Marie Bonnevial, Wiggishoff, toutes trois membres de la Ligue.

La Ligue Française pour le Droit des Femmes fut l'une des 35 sociétés fondatrices du Conseil National, où Marie Bonnevial travailla en qualité de vice-présidente, à côté de Mlle Sarah Monod, puis de Mme Jules Siegfried, présidentes, et de Mme Avril de Sainte-Croix, secrétaire générale. Un grand nombre de ligueuses se firent inscrire dans les différentes sections du Conseil National.

En unissant et coordonnant leurs efforts, les féministes firent de nouvelles conquêtes ; c'est ainsi qu'ils obtinrent successivement : électorat et éligibilité des femmes aux Conseils de prud'hommes (1907-1908) ; admission des femmes comme rapporteurs aux tribunaux pour enfants (1912) ; admission des femmes à diverses fonctions administratives, etc.

La Ligue s'est efforcée de faire adopter par la Chambre des Députés la loi sur les tribunaux pour enfants qui avait été votée par le Sénat ; elle n'hésita même pas à organiser un meeting pour attirer l'attention publique sur cette question qui lui paraissait être d'un haut intérêt au point de vue de la protection de l'enfance.

***

Les enfants de la métropole n'ont pas été les seuls dont la Ligue ait songé à s'occuper. Au moment de la discussion de la loi sur la recherche de la paternité, elle a fait des démarches à la Chambre et au Sénat pour obtenir l'application de la loi aux enfants métis nés de femmes indigènes dans les colonies. Malgré tous ses efforts, elle n'a pu réussir, mais elle continue inlassablement sa campagne à ce sujet, et demande la modification de la loi.

En 1906, la Ligue avait eu déjà à s'occuper d'une très curieuse affaire que lui avait signalée Me Ladmiral, avocat à la Cour d'Alger. Il s'agissait d'une jeune mauresque enlevée à son mari, puis placée sous séquestre, sous prétexte qu'elle était réclamée par un homme qui prétendait que la jeune femme était liée à lui de par la volonté du père, et alors qu'elle était encore au sein. Or, la jeune épousée, qui était devenue orpheline très jeune, avait été élevée à l'européenne par une famille française, était devenue institutrice, avait librement choisi un époux, instituteur, et de même religion qu'elle.

Grâce à une intervention de la Ligue auprès du gouvernement, et à de nombreux articles de journaux dont elle provoqua l'insertion, la jeune Zouina fut enfin rendue au mari qu'elle aimait, et Me Ladmiral écrivait : « La Ligue pour le Droit des Femmes a fait œuvre utile et juste ; elle a montré sa puissance ».

Bien des Français et des Françaises résidant aux colonies ont approuvé l'attitude de la Ligue, lui ont adressé félicitations et adhésions. C'est ainsi qu'à l'heure actuelle, il y a des ligueurs et des ligueuses au Tonkin, en Algérie, en Tunisie et au Maroc.

La Ligue intervint aussi au moment de la constitution de la Ligue des Nations, afin d'essayer de faire interdire la vente des femmes et des enfants, même en vue du mariage.

***

Se préoccupant de toutes les questions sociales, la Ligue inscrivit en tête de son programme, après l'égalité des sexes, ces deux mots : pacifisme, antialcoolisme.

Hélas ! la guerre est venue démontrer que l'éducation pacifiste était loin d'avoir accompli son œuvre. Les féministes n'avaient plus alors qu'à remplir leur devoir envers le pays attaqué, envahi. La Ligue Française pour le Droit des Femmes n'y a pas failli, et l'on trouvera plus loin le bilan de ses œuvres de guerre : ouvroirs, vestiaires, assistance aux soldats et prisonniers.

La victoire, si chèrement remportée, ne serait rien si l'on ne parvenait pas à refaire une France forte et saine. La question de la repopulation préoccupe tous les esprits, pourquoi faut-il que le Parlement ne comprenne pas que l'un des pires fléaux qui ravage notre pays est l'alcoolisme. D'accord avec le Conseil National et les sociétés féministes, la Ligue fait une active campagne pour obtenir la suppression de l'alcool de bouche ; elle joint ses efforts à ceux de l'Union des Françaises contre l'alcool pour créer un mouvement dans toute la France.

***

En 1894, Mme Maria Pognon avait succédé à Léon Richer à la présidence, dont en réalité elle assumait la charge depuis deux ans déjà. Son intelligence, son activité, son amabilité contribuèrent à attirer autour d'elle des gens de valeur et à donner des forces nouvelles à la Ligue. Malheureusement, en 1904, elle dut quitter la France pour se rendre aux colonies, et Mlle Marie Bonnevial, la dévouée secrétaire générale, prit alors la présidence.

A cette époque, la Ligue était riche surtout d'espérances, mais sa caisse était vide. Cependant, grâce aux efforts du Comité, les réunions mensuelles, toujours si suivies, purent être continuées. En 1906, paraissait un bulletin officiel, qui devint trimestriel à partir d'octobre 1907, pour se transformer ensuite (janvier 1912), en une revue mensuelle qui reprit l'ancien titre de Léon Richer : *Le Droit des Femmes.* Bien que la cotisation ne fût point augmentée, tous les membres de la Ligue reçurent gratuitement cette publication qui les tenait au courant du mouvement féministe, tant en France qu'à l'étranger.

Le résultat fut excellent, surtout en province d'où vinrent alors de nombreuses adhésions. On songea donc à organiser des groupes régionaux ; la transformation fut décidée en 1914, mais il fallut laisser passer la guerre et attendre jusqu'en

1919 pour réaliser ce projet. On en revenait aux premiers statuts de la Ligue, modifiés en 1893 parce que les adhérents de province n'étaient pas en nombre suffisant.

Aussitôt après l'armistice, les relations reprirent avec les adhérentes alsaciennes. La Ligue aida à la réorganisation des sociétés féministes de Mulhouse, Colmar, Sainte-Marie-aux-Mines, et contribua par l'envoi de brochures, revues, etc., à la propagande féministe à Strasbourg et à Thann.

Actuellement plusieurs groupes fonctionnent, en diverses régions des comités de propagande se créent et l'assemblée générale des délégués s'est tenue cette année pour examiner les comptes et élire un Comité central qui ne se confond plus avec le Comité du groupe parisien. N'est-ce pas en quelque sorte une nouvelle vie qui commence !

Le Mouvement Suffragiste.

Quelques sociétés féministes s'étaient spécialement donné pour tâche dè réclamer le droit de suffrage ; à leur tête se trouvait Mme Hubertine Auclert qui, en 1885, réclama son inscription sur les listes électorales du IXe arrondissement, tandis que Mlle Barberousse faisait une demande semblable dans le Ier. Mais ce n'étaient là que des manifestations isolées, car les suffragistes, auxquelles il fallait un grand courage pour oser braver l'opinion, n'étaient encore qu'un petit nombre.

C'est surtout après l'apparition du journal *La Fronde* que le mouvement prit plus d'extension. La Ligue, se sentant alors soutenue par un important quotidien, entra résolument dans la lutte et travailla conjointement pour l'acquisition des droits civils et des droits politiques.

La question fut nettement posée au Congrès de 1900 par M. René Viviani qui fit émettre un vœu et voter le texte d'une pétition à la Chambre des Députés. Depuis cette époque, la campagne suffragiste s'est poursuivie sans arrêt. Le Conseil National des Femmes Françaises fonda une section du suffrage que présida Mme Marie Georges-Martin, dont le mari, d'abord conseiller municipal, puis sénateur, était un ardent apôtre du féminisme. Cette section a été ensuite présidée par Mlle Marie Bonnevial, à qui Mme Maria Vérone a succédé.

En octobre 1907, au moment où son bulletin devenait trimestriel, la Ligue fit appel à tous ses adhérents pour faire signer la pétition du Conseil National ; quelques mois plus tard elle s'intéressait à la candidature Jeanne Laloë posée aux élections municipales dans le IX° arrondissement de Paris.

Un congrès féministe s'étant réuni en 1908, la Ligue fut la première société qui donna son adhésion. Les rapports sur les questions de droit civil furent présentés par MM. Moufflet et Tarbouriech et Mme Maria Vérone ; le rapport sur les droits politiques par Mme Maria Vérone.

La Ligue était tellement à la tête du mouvement suffragiste que c'était toujours à elle que l'on s'adressait lorsqu'il s'agissait de défendre la question du suffrage des femmes. En 1909, la secrétaire générale, Mme Maria Vérone, fut chargée par le Comité Central de la Ligue des Droits de l'Homme, du rapport qui devait être présenté au Congrès ; c'est elle aussi qui rédigea le rapport qui fut envoyé au Congrès international de Toronto (Canada) par le Conseil National des Femmes Françaises.

En cette même année 1909, la Ligue reprenait la tradition des banquets féministes, qui se succédèrent chaque année sans interruption jusqu'en 1914.

En 1910, la Ligue faisait appel à toutes les sociétés féministes pour organiser le premier grand meeting suffragiste. Les groupements qui acceptèrent de travailler en commun furent : Le Suffrage des Femmes, présidé par Hubertine Auclert ; la Société pour l'Amélioration du Sort de la Femme ; le Groupe français d'Etudes fémnistes ; l'Union Fraternelle des Femmes. Le meeting eut lieu dans la grande salle des Sociétés Savantes qui regorgeait de monde. Peu après huit heures, il fallut fermer les portes, car le public arrivait toujours, et il n'était plus possible de laisser pénétrer une seule personne. Les orateurs furent tous très applaudis : MM. d'Estournelles de Constant, sénateur ; Ferdinand Buisson, Beauquier et Louis Marin, députés : Joseph Ménard, conseiller municpial ; Fournière, directeur de la *Revue Socialiste :* Mmes Hubertine Auclert, Oddo-Deflou, Nelly Roussel et Maria Vérone. La présidence avait été offerte à Mlle Bonnevial.

La plupart des journaux rendirent compte de cette manifestation féministe dont la tenue et le sérieux étonnèrent beaucoup de gens, peu au courant du mouvement. Il est encore à remarquer que la presse modérée, que l'on aurait pu croire la plus hostile, se montra au contraire très favorable.

Le premier meeting suffragiste.

De nombreuses réunions suivirent celle-ci, tant en province qu'à Paris. A chaque période électorale, la Ligue multiplia la propagande par affiches, et jusqu'en 1920, on put voir sur les murs on affiche *La Femme doit voter*, qui fut même reproduite en carte postale. En 1910 et 1912, de nouvelles candidatures féminines furent posées et furent bien accueillies. L'opinion publique française commençait à devenir favorable, et la Commission du suffrage universel de la Chambre, à laquelle avait été soumise une proposition de loi Dussaussoy, adoptait le rapport de Ferdinand Buisson tendant à accorder aux femmes l'électorat et l'éligibilité aux Conseils municipaux, Conseils d'arrondissement et Conseils généraux.

LIGUE FRANÇAISE pour le DROIT DES FEMMES

La FEMME doit VOTER

Depuis 1789 les Françaises réclament du Parlement la Déclaration des Droits de la Femme

Abaissée au rang des incapables par la loi civile ; réduite, pendant le mariage, à l'impuissance la plus complète pour protéger ses enfants et défendre ses intérêts ou ses droits, la femme n'en est pas moins tenue à toutes les obligations et à tous les devoirs.

Victime de la Société qui l'entretient dans la servitude, la femme — ouvrière, employée ou fonctionnaire — ne peut jamais obtenir à travail égal salaire égal. C'est la **perpétuelle exploitée.**

Exclue de toute discussion politique, **évincée** de tout pouvoir administratif ou judiciaire, la femme subit la loi du plus fort et ne redevient l'égale de l'homme que pour **payer l'impôt** ou assumer au besoin les **responsabilités** les plus graves devant la **loi pénale.**

Si la femme persiste aujourd'hui à revendiquer **le droit de vote** c'est pour mettre fin à cet **humiliant esclavage** ; c'est pour trouver dans la liberté et l'indépendance le moyen de remplir plus efficacement ses **devoirs envers la famille et la société** ; c'est encore pour faire échec aux entreprises guerrières et s'efforcer **d'assurer la Paix entre les Peuples.**

Il n'est plus une objection sérieuse — ni politique ni sociale — à opposer à ses légitimes revendications. Les expériences tentées en **Europe dans les pays scandinaves**, aux **États-Unis**, au **Canada**, en **Australie**, voire même en **Asie** et dans quelques **États de l'Afrique du Sud**, sont là pour le démontrer.

Partout où les femmes votent elles ont consolidé la famille, protégé l'enfance, assuré une meilleure hygiène sociale, élevé le niveau intellectuel et moral de la nation et combattu victorieusement l'alcoolisme.

Les Françaises réclament à leur tour le droit de cité.

Reproduction de l'affiche de la Ligue. -

Pour hâter l'adoption de la loi par la Chambre, la Ligue, commençait en 1912 une pétition par cartes postales, mais réclamait complètement l'égalité politique des sexes.

*
* *

En 1913, pendant les fêtes de Noël et du jour de l'an, la Ligue avait ouvert une baraque sur les boulevards ; elle y mettait en vente des objets de propagande de toutes sortes : cartes postales, sous-mains, coupe-papier, tampons-buvard, crayons, savons, etc... La baraque féministe fut certainement la plus achalandée de toutes : adversaires, badauds et amis s'y arrêtaient, discutaient... et achetaient. Le froid, la pluie et le vent n'arrêtèrent point les intrépides vendeuses.

La baraque féministe.

Les élections étaient proches, l'administration procédait, en février 1914, à la revision des listes électorales ; les ligueuses furent invitées à solliciter leur inscription ; presque partout on leur opposa un refus ; elles en appelèrent aux commisions électorales qui rendirent toutes des décisions défavorables. On résolut alors de plaider devant les juges de paix. Les affaires furent appelées en audience publique, et l'on eut ainsi l'occasion de faire de véritables réunions suffragistes dans divers quartiers de Paris dans des salles qui se trouvaient obligatoirement et gratuitement mises à la disposition des féministes.

Les féministes et leurs avocats devant la justice de paix du XIXe arrondissement.

En avril, le jour des élections législatives, nouvelle manifestation. Le *Journal* organise une vaste consultation féminine, et la Ligue ouvre à Paris 11 sections de vote. Le résultat de l'ex-

Scrutin féminin du 26 avril 1914. Devant le Journal.

périence tentée dans tout le pays par le *Journal* fut merveilleux : on recueillit 505.972 bulletins pour toute la France. Tout aussitôt la Ligue fait éditer deux pochettes de cartes postales illustrées, représentant les principaux événements des derniers mois.

Justement fier de son succès, le *Journal* invite toutes les sociétés féministes à faire une grande manifestation dans la rue, le premier dimanche de juillet. Un meeting a lieu à l'Orangerie des Tuileries ; de la terrasse, on se rend ensuite en cortège à la statue de Condorcet, au pied de laquelle sont déposées palmes et gerbes de fleurs. Le soir, un banquet organisé par la Ligue réunissait plus de 500 convives.

Dans les vastes salons de la Porte-Dorée, autour des tables fleuries, on rappela le souvenir des anciens féministes. Des amis de Léon Richer, MM. Albert Cim, Fernand Bourgeat et Stéphan Pol, parlèrent des anciens dîners du *Droit des Femmes*, et l'on put constater l'immense progrès accompli depuis 45 ans !

***

Cinq semaines plus tard, la mobilisation commençait. Durant deux ans, le mouvement suffragiste fut complètement arrêté. En 1916, on commença à parler de réforme électorale ; les féministes en profitèrent pour réclamer à nouveau les droits politiques. Mais deux clans se formèrent parmi les groupements : dans l'un, on voulait se borner à demander le vote de la loi Dussaussoy-Buisson (suffrage municipal), tandis que dans l'autre, on prétendait que les étapes avaient été franchies par les femmes durant la guerre et qu'elles avaient, par leur travail, conquis le droit de suffrage complet. La Ligue était de cet avis. D'ailleurs, au début de 1919, tout le monde se mit d'accord, et cette entente aboutit au vote de la loi sur l'égalité politique, par la Chambre des Députés, le 20 mai 1919.

Avant le scrutin, la Ligue avait fait savoir aux députés qu'elle ferait connaître au public, par voie d'affiches, les noms des antiféministes. Elle tint parole. En novembre 1919, on vit sur tous les murs de Paris afficher une carte, *La France féministe parlementaire*, au bas de laquelle se trouvaient les noms de ceux que M. Ajam a appelés « les ballots », parmi lesquels d'ailleurs il se plaçait. *La France féministe parlementaire* a été éditée également sous forme de tract.

(Cliché du *Journal*).
A l'Utilité Sociale du XIIIe arrondissement.

Dans le VIIIe arrondissement.
Scrutin féminin du 26 avril 1914.
Les sections de vote de la Ligue.

Aux Champs-Elysées : à la Vie Féminine. (Cliché *Excelsior*)

A l'Association des Étudiantes.
Scrutin féminin du 26 avril 1914.

La manifestation Condorcet : 1° Le départ des Tuileries ; 2° Sur le Pont Royal. (3 juillet 1914). (Photos Branger).

Il faut maintenant obtenir la ratification par le Sénat, de la loi votée par la Chambre. La Ligue s'y emploie de son mieux. Pendant les élections de 1919-1920, ses déléguées se sont rendues dans les réunions publiques, où elles ont distribué des imprimés de toutes sortes et pris la parole aussi souvent que possible.

Le 16 novembre 1919, date des élections législatives, les femmes du département de la Seine étaient invitées par *Excelsior*

Devant la statue Condorcet. — (Photo Branger).

et par l'*Œuvre* à voter, non plus sur une simple question de principe, mais en désignant entre les candidats en présence ceux de leur choix. L'*Œuvre* avait borné son expérience au 3e secteur de Paris (rive gauche de la Seine et XVIe arrondissement) ; la Ligue installa dans ce secteur 9 bureaux de vote. Il y eut au total, pour le département de la Seine, 47.640 votantes.

Le jour des élections municipales et le jour des élections sénatoriales, ligueurs et ligueuses, accompagnés des membres de la Société pour l'Amélioraiton du sort de la Femme, se sont promenés sur les boulevards, avec des affiches et des pancartes, remettant aux promeneurs des tracts de propagande.

(Cliché de *Paris-Magazine*).

Au Foyer International des Etudiantes.
Le vote féminin en 1919.

Plus de cent mille imprimés furent distribués en quelques semaines, pendant la période électorale.

***

Malgré les efforts réunis de toutes les associations, le Sénat ne se décide point à aborder la discussion de la loi relative au suffrage des femmes. La Commission était hostile, et M. Alexandre Bérard a déposé un rapport demandant le rejet de la loi. Mais deux tiers du Sénat ayant été soumis à la réélection, beaucoup de féministes sont entrés dans la Haute Assemblée ; parviendront-ils à convaincre leurs collègues ?

Il est indispensable que les femmes françaises montrent leur ferme volonté de voter. Qu'elles s'unissent, qu'elle se groupent, et le bon droit triomphera sûrement.

Les Œuvres de Guerre.

Un grand nombre de ligueuses ont pendant toute les hostilités, soigné avec dévouement les enfants ou les soldats. Il suffira de citer l'exemple de Mme Bonheur, infirmière-major d'une des ambulances de Paris où n'étaient envoyés que des grands blessés et qui, sans repos, resta nuit et jour à son poste pendant les bombardements.

D'autres firent la soupe dans les cantines, et beaucoup tricotèrent des chaussettes pour les combattants.

Pendant la guerre, la Ligue s'est occupée du travail des femmes ; elle a fait à ce sujet une enquête dans les usines et les ateliers ; puis elle a écrit au ministre du Travail et au ministre des Munitions pour attirer leur bienveillante attention sur la situation des travailleuses qui, pendant de longs mois, fut loin d'être brillante. La plus grande partie des démarches furent faites avec infiniment de dévouement par Mme Irma Perrot qui se présenta partout en qualité d'ouvrière sollicitant du travail ; les renseignements fournis par elle étaient donc absolument exacts, aussi les résultats de l'enquête furent-ils fructueux.

Dès le début des hostilités, la Ligue se préoccupa de venir au secours des femmes qui se trouvaient brusquement sans travail et ne recevaient encore aucune allocation. Onze ateliers-cantines furent ouverts, deux d'entre eux fonctionnèrent jusqu'à l'armistice. Le Comité du Secours National subventionna ces ouvroirs.

Grâce à des dons en nature qui nous vinrent de tous côtés, et notamment d'Amérique, un vestiaire fut organisé en faveur des réfugiés et des familles nécessiteuses.

Enfin, en juin 1915, le travail ayant un peu repris, quelques ouvroirs furent fermés, et la Ligue décida alors de s'occuper des soldats sans famille. Une correspondance suivie s'établit entre les marraines et les filleuls, contribuant ainsi à donner aux poilus, originaires des régions envahies, le sentiment qu'ils n'étaient plus seuls, et qu'une nouvelle famille partageait leurs

(Service photographique de l'armée).

A « La Lune Rousse » : l'Atelier.

Les ouvrières travaillent dans la salle où se faisaient entendre Dominique Bonnaud et ses camarades chansonniers.

A « La Lune Rousse » : La Cantine.

(Service photographique de l'armée).

L'Ouvroir de l'Abbaye de Thélème.

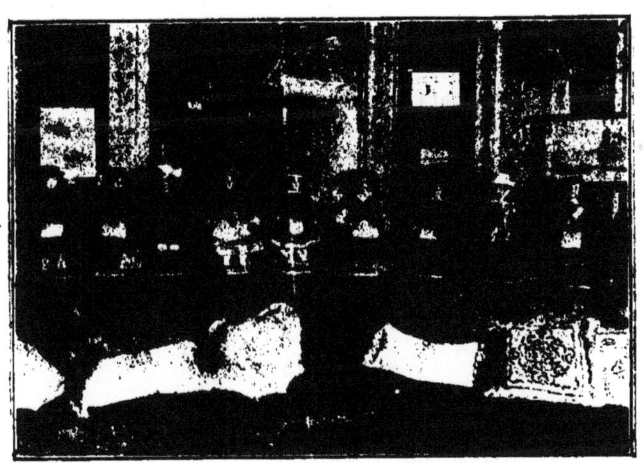

(Service photographique de l'armée).

A l'abbaye de Thélème : Une exposition de poupées.
Reconstitution des costumes de cantinières,
d'après les documents du musée de l'armée.

souffrances et leurs espoirs. Ici, le travail ne s'est point arrêté avec la guerre. Il est encore actuellement, dans les régions dévastées, des malheureux sans gîte, sans vêtements, sans linge, sans mobilier, qu'on ne doit pas abandonner. Il ne faut pas que les hommes qui se sont si vaillamment battus pendant les

15 juillet 1917.
Filleuls et marraines devant l'ouvroir de l'Abbaye.

longues et cruelles années de guerre, puissent dire qu'on les oublie, maintenant que l'on n'a plus besoin d'eux.

Les marraines correspondantes continuent donc leur œuvre d'assistance morale, et des paquets partent encore à l'adresse des familles enfin réunies, mais si durement éprouvées.

⁂

Voici quel est le bilan des œuvres d'assistance de la Ligue depuis août 1914 à fin juillet 1920.

RECETTES

Dons	18.178 95
Subventions du Secours National	8.733 »»
Tombola et divers	3.509 50
Vente et travail	45.336 25
Soit un toal de	75.757 70

DEPENSES

Ouvroirs (9ᵉ, 10ᵉ, 18ᵉ arrondissements) :

Nourriture	12.654 60
Chauffage, éclairage, etc	5.220 40
Salaires	14.269 65
Achat de matières premières	19.550 70
Frais divers	1.721 45
Subvention de la Ligue aux autres ouvroirs	6.210 15
Acquisitions pour le vestiaire............	3.046 35
Acquisitions pour les soldats.............	10.425 05
Frais des ventes et de la tombola.........	1.460 90
Divers	815 40
Soit un total de..................	75.383 65
Différence en caisse	374 05

Le nombre des journées d'ouvrières se décompose ainsi : Abbaye et Lune Rousse (9ᵉ et 18ᵉ arrondissements), 22.403 ; 10ᵉ arrondissement, 8.176 ; autres ouvroirs, 27.733 ; soit un total de 58.312 journées. Chaque journée représente le pain du matin, et deux repas.

Le *Vestiaire* a distribué :

Objets de layette	2.467	pièces.
Vêtements et linge pour enfants...	1.091	»
Vêtements et linge pour adultes....	715	»
Linge de maison	154	»
Linge, lainage pour soldats........	1.947	»
Total	6.374	pièces.

L'*Œuvre des Filleuls* a adopté 366 soldats ; elle a expédié 2.604 paquets contenant, en dehors des sous-vêtements :

Boîtes de conserves, chocolat, pâtes, etc....	4.824
Articles de fumeurs	974
Objets divers : couteaux, porte-monnaie, etc.	1.160
Lectures	3.797
Total des objets (en dehors du vestiaire)...	10.755

Cette œuvre a reçu plus de 10.000 lettres, auxquelles les marraines correspondantes ont répondu.

Chaque soldat adopté ayant toujours fait l'objet d'une enquête préalable, la Ligue n'a eu qu'à se louer de ses filleuls, dont beaucoup ont reçu des décorations : croix de guerre, médailles militaires et une croix de la Légion d'honneur, décernée à un simple fantassin.

La Ligue a été autorisée comme œuvre de guerre par arrêté ministériel en date du 16 juin 1917.

En novembre 1920, la Ligue a adopté le groupe des 175 orphelins de guerre d'Aniche (Nord).

La Conférence de la Paix et la Ligue des Nations.

Le Conseil suprême des Alliés, faisant droit aux nombreuses requêtes qui lui avaient été adressées, avait décidé que les femmes pourraient être entendues par les commissions qui auraient à discuter des questions les concernant. Tout aussitôt, la Commission de la législation internationale du Travail convoqua, pour le 18 mars 1919, les représentants des diverses associations féminines.

A cette séance, que présidait M. Gompers, délégué des Etats-Unis, assisté de M. Vandervelde, la présidente de la Ligue a déposé le mémorandum suivant :

A Messieurs le Président et les Membres de la Commission de Législation internationale du Travail de la Conférence de la Paix,

Ce n'est pas par vanité que les femmes, en général, et la Ligue Française pour le Droit des Femmes, en particulier, ont demandé à collaborer directement aux travaux de la Conférence de la Paix.

Si elles ont agi ainsi c'est qu'elles ont conscience du devoir impérieux qui s'impose à elles dans les circonstances tragiques que le monde vient de traverser.

Appelées par les événements eux-mêmes à prendre directement et personnellement leur part de responsabilité, de dévouement et de travail dans l'effort continu qui détermina la victoire finale, elles croient avoir démontré que jusqu'alors on avait trop négligé la force intellectuelle, morale et sociale qu'elles représentent.

La Ligue française pour le Droit des Femmes avait, à ce titre, formulé le désir d'être appelée à discuter dans chacune des commissions où des intérêts féminins seraient en jeu.

Elle est heureuse de pouvoir exprimer ici sa profonde reconnaissance envers le Conseil Suprême des Alliés qui a décidé d'entendre les femmes et envers la Commission du Travail qui, la première, a admis le principe de la représentation féminine à la Conférence permanente pour la législation internationale du travail.

Elle ose espérer que la convocation dont elle a été aujourd'hui l'objet, n'est qu'un prélude et qu'elle sera appelée à prendre part, en tant que de besoin, aux discussions qui pourront naître au sein de la Commission, sur les questions qu'elle se permet aujourd'hui de signaler à sa bienveillante attention.

Des clauses économiques devant être insérées dans le traité de paix, la Ligue française pour le Droit des Femmes est d'avis qu'il y a lieu d'indiquer que les mesures de protection prises à l'égard des travailleurs sont applicables, *indistinctement*, aux hommes et aux femmes.

Les dispositions dont la Ligue demande l'admission sont les suivantes :

Limitation de la journée de travail à huit heures au maximum (1) ;

Principe de la fixation d'un minimum de salaire proportionnel au coût de la vie dans chaque pays ;

Application obligatoire du principe de l'égalité de salaire pour les deux sexes, à égalité de travail ;

Interdiction du travail de nuit, sauf les cas d'absolue nécessité.

Une seule mesure spéciale doit être prise, relativement aux femmes. Elle concerne la maternité :

Un temps de repos doit être accordé aux femmes, avant et après l'accouchement, avec paiement intégral du salaire, au moyen d'un système d'assurance.

Enfin, il est une question qui doit retenir particulièrement l'attention des membres de la Conférence, c'est celle de la protection des enfants.

La Ligue française pour le Droit des Femmes estime qu'il n'est pas possible d'autoriser, et que par conséquent il faut interdire, l'emploi dans les usines des enfants âgés de moins de 14 ans.

En outre, afin de permettre aux apprentis et aux jeunes ouvriers de continuer leur développement intellectuel et de perfectionner leur éducation professionnelle, les patrons doivent être tenus de

(1) La Ligue a appuyé verbalement la demande relative au repos du samedi après-midi.

laisser aux jeunes gens et aux jeunes filles, âgés de 14 à 18 ans, la possibilité de suivre des cours durant quelques heures par semaine.

La Ligue Française pour le Droit des Femmes espère que toutes ces mesures, qui représentent le minimum des revendications féminines, seront toutes acceptées non seulement par la Commission du Travail, mais par la Conférence elle-même.

Au cas où des objections seraient soulevées, à ce sujet, au sein de la Commission de Législation Internationale du Travail, elle demande à être appelée à les discuter de façon à faire connaître aux membres de la Commission les arguments féminins qui pourraient leur échapper.

La Présidente : Maria Vérone,
Avocate à la Cour.

Ces vœux avaient été adoptés par la Commission ; ils figurent dans le traité de Versailles, mais, hélas ! seulement comme principes.

***

Le 10 avril suivant, le Comité de la Ligue des Nations, présidé par M. Wilson, recevait 17 déléguées alliées ayant à leur tête lady Aberdeen, présidente du Conseil International des Femmes.

Parmi les vœux présentés par la délégation féminine, voici quels étaient les plus importants :

Les Etats entrant dans la Société des Nations s'engagent :

1° A interdire la vente des femmes et des enfants ;

2° A respecter le principe du droit pour la femme de disposer librement d'elle-même et, par conséquent, à interdire toute vente de femme et d'enfant en vue du mariage ;

3° A réprimer et poursuivre sévèrement le trafic des femmes majeures ou mineures et des enfants en vue de la prostitution.

Après quelques mots de Mme Siegfried, le président Wilson félicita les femmes de leur action et déclara qu'il était d'accord en principe avec elles sur toutes les questions.

A l'issue de cette entrevue, la lettre suivante a été adressée au Président Wilson :

Monsieur le Président,

Après avoir entendu hier la délégation féminine, vous avez bien voulu faire savoir, tant au nom de vos collègues qu'en votre nom personnel, que vous étiez d'accord en principe sur tous les points qui vous étaient soumis. Nous tenons à vous en exprimer notre reconnaissance. Toutefois, nous nous permettons de vous dire que ce n'est pas seulement une adhésion de principe que nous sollicitons.

Vous avez fait reconnaître le droit des peuples à disposer librement d'eux-mêmes ; ce principe fut admis, mais jugé insuffisant car il restait à proclamer le droit des individus à disposer librement d'eux-mêmes.

Les ouvriers ont présenté la charte du travail, les peuples indigènes ou orignaires de l'Afrique ont rédigé la charte des nègres, les Juifs ont réclamé la reconnaissance de leurs droits là où ils n'avaient même pas de nationalité légale.

N'y aura-t-il donc pas une charte des femmes?

Tout le monde civilisé a été unanime pour protester contre les atrocités commises par les empires centraux durant la guerre, mais est-il tolérable qu'en temps de paix des millions de femmes et d'enfants soient encore considérés comme du bétail, et vendus soit pour le travail, soit pour la prostitution, soit en vue du mariage ? L'esclavage, aboli en principe, a été maintenu à l'égard de ces femmes, de ces enfants, au nom desquels nous élevons la voix aujourd'hui, puisqu'il leur est impossible à eux-mêmes de se faire entendre.

Nous savons que les lois religieuses, qui sont en même temps les seules lois civiles dans certains pays, permettent de pareils faits, mais autorisation n'est pas synonyme d'obligation, et l'objection tirée du respect des sentiments religieux ne saurait donc être opposée.

Nous n'avons pas voulu que le principe que nous vous demandons de reconnaître puisse motiver l'exclusion d'une nation ; c'est pourquoi nous vous demandons — mais cela très fermement — d'inscrire dans le pacte qui sera en quelque sorte la charte du monde civilisé, cette formule :

Les Etats contractants s'engagent à interdire, sous quelque forme que ce soit, la vente ou le trafic des femmes et des enfants, soit pour le travail ou la prostitution, soit même en vue du mariage.

Si les Alliés n'obtenaient pas de tous les signataires du pacte, cet engagement pour l'avenir, ils ne pourraient pas dire qu'ils ont eu pour but unique d'assurer le triomphe du droit et de la justice.

Veuillez agréer, Monsieur le Président, l'assurance de notre haute considération.

La Présidente de la Ligue Française pour le Droit des Femmes :

Maria Vérone,

Avocate à la Cour d'Appel.

Ayant appris que le Comité de la Ligue des Nations n'avait pas fait droit à cette demande, la Ligue fit apposer dans tout Paris une affiche dont le texte fut reproduit dans la plupart des journaux. En voici la teneur :

APPEL A LA LIGUE DES NATIONS

Contre l'Esclavage

Pour la Libération des Femmes et des Enfants.

Le premier article de la Charte du Travail adopteé par la Conférence de la Paix est ainsi conçu :

« 1° Ni en droit, ni en fait le travail d'un être humain ne doit être assimilé à une marchandise ou à un article de commerce ».

Mais aucun des membres de la Conférence de la Paix n'a songé à appliquer ce principe aux êtres humains eux-mêmes.

Au XXe siècle, des millions de femmes et d'enfants sont encore tenus en état d'esclavage et vendus au besoin comme du bétail.

Il est des pays où les femmes et les enfants sont attachés à la terre, et changent de propriétaire en même temps que cette terre.

Il en est d'autres où les enfants sont mariés dès leur jeune âge, et où la fille reste obligatoirement comme servante, durant toute sa vie, dans la famille du garçon si celui-ci vient à décéder.

Il en est enfin où les filles sont vendues tout enfant soit en vue du mariage, soit pour la prostitution.

Nous protestons contre ces crimes.

Nous les dénonçons aux peuples civilisés qui veulent préparer l'avènement d'un monde nouveau.

Nous demandons formellement que dans la charte de la Société des Nations soit inscrite cette formule :

« Les Etats contractants

« S'engagent à interdire, sous quelque forme que ce soit, la vente et le trafic des femmes et des enfants, soit comme propriété, soit pour le travail ou la prostitution. soit même en vue du mariage. »

L'opinion publique est saisie.

C'est le seul moyen que la loi nous accorde à nous, femmes françaises, exclues de toutes délibérations parlementaires, économiques et sociales.

Les Alliés se sont battus pour les principes du droit et de la justice. Il faut que leurs représentants ne l'oublient pas.

Les journalistes vinrent au siège de la Ligue pour demander des explications et la presse publia des articles documentaires sur la situation des femmes et des enfants aux Indes, au Japon, en Afrique du Sud et dans tous les pays musulmans. La Ligue des Nations n'a pas cru devoir — ou pouvoir — libérer ceux et celles en faveur de qui l'on réclamait justice ; mais un jour viendra où elle comprendra qu'on ne peut *libérer les peuples* sans donner la liberté aux femmes comme aux hommes.

⁂

Cet exposé des travaux de la Ligue française pour le Droit des Femmes ne donne qu'une faible idée des efforts accomplis par nos devanciers, de leur lutte incessante contre les préjugés et les mœurs, des combats qu'ils eurent à soutenir chaque jour. Ils ne se sont jamais découragés, et aujourd'hui nombreuses sont celles qui bénéficient des réformes qu'ils ont obtenues. Cependant, les noms qui devraient nous être le plus chers, sont souvent inconnus ; ce n'est point ingratitude, mais ignorance.

Nous pensons que lorsque les femmes sauront tout ce qu'elles doivent à ceux et à celles qui depuis cinquante ans ont consacré la plus grande partie de leur vie à répandre l'idée de l'égalité des sexes, elles comprendront qu'elles n'ont pas le droit de profiter du travail accompli par ceux qui les ont précédées, sans rien faire pour ceux qui suivront.

Le symbole de la « Course du Flambeau » aurait un sens beaucoup trop restreint s'il ne devait s'appliquer qu'au principe de la vie matérielle. Donner la vie n'est pas suffisant ; ce qu'il faut encore, c'est assurer à nos enfants un meilleur avenir, des lois plus justes, la sécurité dans la paix. Telle doit être la pensée de toutes les mères.

Or, l'œuvre de progrès social n'est que la résultante de milliers d'efforts individuels. Si, politiquement, les Anglaises et les Américaines du Nord ont remporté la victoire, c'est parce qu'on comptait par millions celles qui avaient une volonté agissante. Les Françaises ont montré pendant la guerre qu'elles étaient capables elles aussi d'énergie et de ténacité ; il faut aujourd'hui qu'elles s'unissent, qu'elles forment des groupes puissants, pour qu'on ne puisse les accuser d'indifférence lorsqu'il s'agit de la conquête de leurs droits.

Le féminisme ne saurait plus d'ailleurs effrayer personne. Il est admis aujourd'hui dans les milieux officiels. Des publications de la Ligue figurent actuellement au musée de la guerre ; de nombreux documents nous ont été demandés par des bibliothèques étrangères ; les affiches de la Ligue et la revue *Le Droit des Femmes* ont pris place dans les archives des comités internationaux, notamment à la Croix-Rouge internationale.

Enfin, un Comité d'honneur a été formé à l'occasion du cinquantenaire de la Ligue. Si des hommes éminents ont accepté de figurer à côté de femmes connues pour leur dévoûment à notre cause, c'est qu'ils savent que les Françaises ne réclament des droits que pour mieux remplir leurs devoirs.

MARIA VERONE.

LES PRÉSIDENTS D'HONNEUR

VICTOR HUGO

Lorsque le 21 janvier 1883, la Ligue française pour le Droit des Femmes, qui venait de se reconstituer, offrit la présidence d'honneur de l'association à l'immortel auteur des « Contemplations », ce n'était pas seulement à l'écrivain, au poète de génie qu'elle s'adressait, mais à l'homme.

Toute sa vie, on peut le dire, Victor Hugo avait en effet pris la défense des femmes.

Dès 1849, à l'Assemblée Nationale, le poète affirmait que « le droit de l'homme a pour corollaire le droit de la femme » (1), et fidèle à son opinion, il donna une puissance inattendue à la cause que nous défendons encore aujourd'hui.

Dans l'impossibilité, à cause d'un deuil récent, d'assister à la première grande manifestation féministe qui devait avoir lieu le 9 juin 1872, il ne voulut pas que son absence pût être considérée comme un abandon, et il écrivait à Léon Richer la très belle lettre suivante dont il autorisait la publication :

Paris, 8 juin 1872.

Monsieur,

Je m'associe du fond du cœur à votre utile manifestation. Depuis quarante ans, je plaide la grande cause sociale à laquelle vous vous dévouez noblement.

Il est douloureux de le dire : dans la civilisation actuelle, il y a une esclave. La loi a des euphémismes ; ce que j'appelle

(1) *Le Droit des Femmes*, 21 juin 1885.

une esclave, elle l'appelle une mineure ; cette mineure selon la loi, cette esclave selon la réalité, c'est la femme. L'homme a chargé inégalement les deux plateaux du Code, dont l'équilibre importe à la conscience humaine ; l'homme a fait verser tous les droits de son côté et tous les devoirs du côté de la femme. De là, un trouble profond. De là la servitude de la femme. Dans notre législation telle qu'elle est, la femme ne possède pas, elle n'este pas en justice, elle ne vote pas, elle ne compte pas, elle n'est pas. Il y a des citoyens, il n'y a pas de citoyennes. C'est là un état violent ; il faut qu'il cesse.

Je sais que les philosophes vont vite et que les gouvernements vont lentement ; cela tient à ce que les philosophes sont dans l'absolu et les gouvernements dans le relatif ; cependant, il faut que les gouvernants finissent par rejoindre les philosophes. Quand cette jonction est faite à temps, le progrès est obtenu et les révolutions sont évitées. Si la jonction tarde, il y a péril.

Sur beaucoup de questions, à cette heure, les gouvernants sont en retard. Voyez les hésitations de l'Assemblée à propos de la peine de mort. En attendant, l'échafaud sévit.

Dans la question de l'éducation, comme dans la question de la répression, dans la question de l'enseignement obligatoire, gratuit et laïque, dans la question de la femme, dans la question de l'enfant, il est temps que les gouvernants avisent. Il est urgent que les législateurs prennent conseil des penseurs, que les hommes d'Etat, trop souvent superficiels, tiennent compte du profond travail des écrivains, et que ceux qui font les lois obéissent à ceux qui font les mœurs. La paix sociale est à ce prix.

Nous philosophes, nous contemplateurs de l'idéal social, ne nous lassons pas. Continuons notre œuvre. Etudions sous toutes les faces, et avec une bonne volonté croissante ce pathétique problème de la femme dont la solution résoudrait presque la question sociale tout entière. Apportons dans l'étude de ce problème plus même que de la justice ; apportons-y la vénération, apportons-y la compassion. Quoi ! il y a un être, un être sacré qui nous a formés de sa chair, vivi-

fiés de son sang, nourris de son lait, remplis de son cœur, illuminés de son âme, et cet être souffre, et cet être saigne, pleure, languit, tremble. Ah ! dévouons-nous, servons-le, défendons-le, protégeons-le ! Baisons les pieds de notre mère !

Avant peu, n'en doutons pas, justice sera rendue et justice sera faite. L'homme à lui seul n'est pas l'homme; l'homme plus la femme, plus l'enfant, cette créature une et triple, constitue la vraie unité humaine. Toute l'organisation sociale doit découler de là. Assurer le droit de l'homme sous cette triple forme, tel doit être le but de cette providence d'en bas que nous appelons la loi.

Redoublons de persévérance et d'efforts. On en viendra, espérons-le, à comprendre qu'une société est mal faite quand l'enfant est laissé sans lumière, quand la femme est maintenue sans initiative, quand la servitude se déguise sous le nom de tutelle, quand la charge est d'autant plus lourde que l'épaule est plus faible ; et l'on reconnaîtra que même au point de vue de notre égoïsme, il est difficile de composer le bonheur de l'homme avec la souffrance de la femme.

Victor Hugo.

Reproduit dans toute la presse parisienne, ce document eut un retentissement énorme en ce qu'il était la proclamation d'un principe social, d'une vérité si longtemps contestée.

Un peu plus tard, à quelques féministes qui lui avaient fait remettre une lettre par Léon Richer, il donna un précieux encouragement en leur répondant ce qui suit :

Paris, le 31 mars 1875.

Mesdames,

Je reçois votre lettre. Elle m'honore. Je connais vos nobles et légitimes revendications. Dans notre société, telle qu'elle est faite, les femmes subissent et souffrent ; elles ont raison de réclamer un sort meilleur. Je ne suis rien qu'une conscience, mais je comprends leur droit et j'en compose mon devoir ; et tout l'effort de ma vie est de leur côté. Vous avez raison de voir en moi un auxiliaire de bonne volonté.

L'homme a été le problème du dix-huitième siècle; la femme est le problème du dix-neuvième. Et qui dit la femme, dit l'enfant, c'est-à-dire l'avenir. La question ainsi posée apparaît dans toute sa profondeur. C'est dans la solution de cette question qu'est le suprême apaisement social. Situation étrange et violente ; au fond les hommes dépendent de vous ; la femme tient le cœur de l'homme. Devant la loi, elle est mineure ; elle est incapable, elle est sans action civile, elle est sans droit politique, elle n'est rien ; devant la famille elle est tout, car elle est la mère. Le foyer domestique est ce qu'elle le fait ; elle est dans la maison la maîtresse du bien et du mal ; souveraineté compliquée d'oppression. La femme peut tout contre l'homme et rien pour elle.

Les lois sont imprudentes de la faire si faible quand elle est si puissante. Reconnaissons cette faiblesse et protégeons-la ; reconnaissons cette puissance et conseillons-là. Là est le devoir de l'homme ; là aussi est son intérêt.

Je ne me lasserai pas de le redire : le problème est posé, il faut le résoudre ; qui porte sa part du fardeau doit avoir sa part du droit ; une moitié de l'espèce humaine est hors de l'égalité, il faut l'y faire rentrer. Ce sera là une des grandes gloires de notre grand siècle ; donner pour contre-poids au droit de l'homme le droit de la femme ; c'est-à-dire mettre les lois en équlibre avec les mœurs.

Agréez, Mesdames, tous mes respects.

Victor Hugo.

Enfin, le 5 août 1877, après lecture de *La Femme libre*, de Léon Richer, le grand écrivain affirmait à l'auteur son approbation et son soutien :

.... Il faut du courage, cela est triste à dire, pour être juste et surtout juste, hélas ! envers le faible. L'être faible, c'est la femme. Notre société, mal équilibrée, semble vouloir lui retirer tout ce que la nature lui a donné. Dans nos codes, il y a une chose à refaire : c'est ce que j'appelle « la loi de la Femme ». L'Homme a sa loi ; il se l'est faite à lui-même ; la Femme n'a pas d'autre loi que la loi de l'Homme.

La Femme est civilement mineure et moralement esclave. Son éducation est frappée de ce double caractère d'infériorité. De là tant de souffrances, dont l'Homme a sa part, ce qui est juste.

Une réforme est nécessaire. Elle se fera au profit de la civilisation, de la société et de la lumière. Les livres sérieux et forts comme le vôtre y aideront puissamment. Je vous remercie de vos nobles travaux, en ma qualité de philosophe ; et je vous serre la main, mon cher confrère.

Victor Hugo (1).

De toute l'œuvre du poète se dégage d'ailleurs cette idée que « l'équilibre entre le droit de l'homme et le droit de la femme, est une des conditions de la stabilité sociale » (2).

Question d'équité à part, la femme, pour Victor Hugo, « c'est l'humanité vue par son côté tranquille, la femme c'est le foyer, c'est la maison, c'est le centre des pensées paisibles, c'est le conseil d'une voix innocente au milieu de tout ce qui nous emporte. Souvent autour de nous tout est l'ennemi, la femme c'est l'amie. Protégeons-la ! » dit il. Puis il ajoute : « Rendons-lui ce qui lui est dû. Donnons-lui dans la loi la place qu'elle a dans le droit » (3).

Que la pensée émue et reconnaissante de toutes les Françaises aille donc au grand homme qui fut publiquement leur appui aux heures difficiles du début. Disons avec Léon Richer :

« A ceux qui nous traitent de fous, d'utopistes, de rêveurs, d'insensés, nous répondons : « Nos folies, nos utopies, nos rêveries, toutes les insanités qui font hausser les épaules, Victor Hugo les défendait ».

(1) Ces trois lettres de Victor Hugo ont été publiées dans le *Droit des Femmes* du 7 juin 1885.

(2) Lettre à Léon Richer, du 7 novembre 1871, publiée dans le *Droit des Femmes* (21 juin 1885).

(3) Discours prononcé aux obsèques de Mme Meurice, le 15 novembre 1874, reproduit dans le *Droit des Femmes* (21 juin 1885).

VICTOR SCHŒLCHER

Il fallait être brave à l'aube du féminisme, pour opposer à l'égoïsme masculin, le principe de l'égalité des droits entre l'homme et la femme.

Avec Victor Hugo, avec Léon Richer, Schœlcher sut l'être.

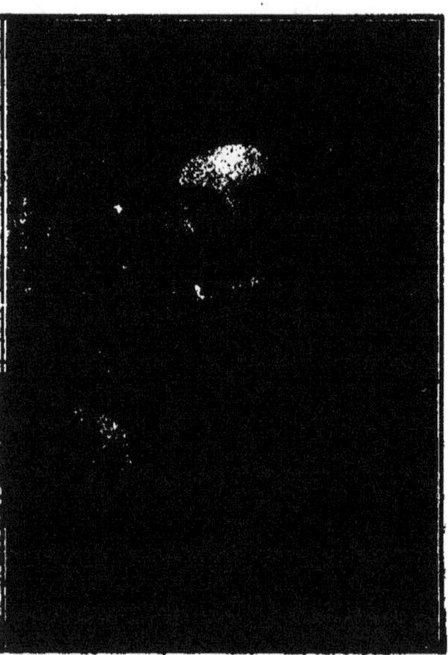

Victor SCHŒLCHER

L'homme qui s'attacha à la libération des esclaves aux colonies, devait par voie d'analogie, penser à cet autre esclavage, celui de la femme, si proche de lui, et si vieux que son âge est le plus sérieux argument en sa faveur ; à celui qu'en Europe on pensait si peu à reconnaître et à soulager.

La liberté de la femme fut un des souhaits les plus chers de Schœlcher.

Fervent lecteur du « Droit des Femmes » depuis son apparition, il avait assisté en 1878, avec ses collègues de Versailles, au banquet féministe. Ensuite, il prenait part aux dîners mensuels du « Droit des Femmes », et, en 1882, lorsque se reconstitua la Ligue pour le Droit des

Femmes, il fut un des premiers adhérents. A la date du 14 décembre 1882, il écrivait à Léon Richer : (1)

« Revendiquer les droits civils de la femme, l'affranchir de l'état d'infériorité où la tient encore, sous certains points, notre législation, c'est faire œuvre d'équité, travailler au bien de la société tout entière ».

Il fut appelé à la présidence d'honneur de la Ligue, après la mort de Victor Hugo.

De tels noms sont, pour notre juste cause, une garantie d'honorabilité et de valeur morale. Soyons fiers d'être féministes après des hommes si justement célèbres et respectés, et gardons dans la revendication de nos droits l'attitude digne dont ils ne se sont jamais départis.

---

(1) *Le Droit des Femmes*, 21 juin 1885.

RENÉ VIVIANI

Depuis de longues années, M. René Viviani appartient à la Ligue française pour le Droit des Femmes, dont il était le secrétaire général en 1889, au moment de l'organisation du Congrès international. Et quel secrétaire actif il était !

Collaborant au *Droit des Femmes*, où il publiait des études juridiques et rendait compte des conférences féministes, M. René Viviani trouvait encore le temps de rédiger les procès-verbaux des séances du Comité. Il le faisait d'ailleurs avec le grand talent d'écrivain qu'on lui connait et qui n'a d'égal que son prestigieux talent d'orateur.

Au début de l'année 1889, la Ligue, voulant fêter le 20e anniversaire de la fondation du *Droit des Femmes*, décida de remettre à Léon Richer une médaille d'argent. Voici, en quels termes, le secrétaire général fit le récit de cette cérémonie tout intime :

Un anniversaire improvisé (1).

Le lundi 18 mars, à 9 heures du soir, les membres du Comité exécutif de la *Ligue Française pour le Droit des Femmes*, auxquels s'étaient joints quelques amis, se réunissaient spontanément chez M. Léon Richer.

Cela tombait à merveille.

Le jour précédent, M. Léon Richer avait prié notre vice-présidente de convoquer le Comité pour un jour prochain ; lundi matin, il fut prévenu par dépêche que l'on se rendrait chez lui le soir même.

(1) *Le Droit des Femmes*, 7 avril 1889.

Quand tout le monde fut présent, M. Léon Richer déclara la séance ouverte.

M. René Viviani, secrétaire général, demanda la parole pour une communication ; et il se leva.

Un grand silence s'était fait.

M. Léon Richer, surpris de cette attitude inaccoutumée, d'apparence solennelle, promenait autour de lui un regard interrogateur. Que signifiait cela ? De quoi s'agissait-il ?

M. René Viviani, se faisant l'interprète du Comité, prononça alors, au milieu de l'attention de tous, l'allocution suivante :

Mon cher Président,

Vous aviez chargé notre honorable Vice-Présidente de nous convoquer ; elle ne l'a pas fait et malgré cet oubli, nous sommes tous réunis chez vous. Le hasard, d'ailleurs n'est pour rien, je dois le dire, dans notre amicale réunion ; car il y a longtemps que nous avons organisé autour de vous une vaste conspiration. Rassurez-vous, cependant, car les conspirateurs qui sont ici sont liés ensemble par le respect, la sympathie, l'affection profonde qu'ils ressentent pour vous.

Voilà, en effet, quelques jours qu'une idée commune nous est venue, que nous nous sommes souvenus qu'il y avait vingt ans, et plus, qu'au milieu de l'indifférence où étaient plongés les esprits, échappant à l'asservissement qui pesait sur les intelligences, un homme s'était levé qui avait pris avec ardeur la défense du droit des femmes ; nous nous sommes souvenus que cet homme c'était vous ; que, depuis, vous n'aviez jamais renié votre cri de guerre : que jamais vous n'étiez revenu en arrière sur la voie du progrès que vous aviez tracée devant nous. Nous nous sommes souvenus surtout que cette œuvre de justice et de morale vous l'aviez commencée seul, sans autre concours que l'hésitante collaboration de quelques-uns de ceux ou de celles qui se prétendent aujourd'hui les partisans résolus de l'émancipation féminine et qui, joignant à une imagination féconde une mémoire un peu infidèle, se figurent volontiers avoir fait ce que les autres ont accompli.

Alors, nous avons pensé qu'il était juste de rappeler ce touchant souvenir, d'essayer de matérialiser cet anniversaire, et par nos soins une modeste médaille a été frappée.

D'un côté, elle porte la suscription suivante : « LE COMITE DE

LA LIGUE POUR LE DROIT DES FEMMES, A SON FONDATEUR, M. Léon Richer : 1869-1889. » De l'autre, nous avons fait reproduire notre devise, cette devise qui, je l'espère, nous mènera à une prochaine victoire : « LE DROIT PRIME LA FORCE. » Enfin, l'allégorie représente une femme décernant une couronne à la vertu, au devoir, au mérite, c'est-à-dire, mon cher Président, accordant cette couronne à vos éminentes qualités de cœur et d'esprit.

Acceptez-la donc cette modeste médaille, cadeau bien peu précieux, et qui ne vaut que par les mains qui vous l'offrent ; acceptez-la avec les vœux que nous formons pour que votre santé s'améliore et que nous voyions s'achever plus rapidement cette guérison dont nous surveillons avec une émotion pieuse les sensibles progrès. Acceptez-la, car j'allais oublier de le dire dans la joie de cet anniversaire, elle n'est pas seulement décernée au talent et au mérite, elle doit récompenser aussi des sentiments qui, hélas ! deviennent chaque jour plus rares et qu'incarne tout entiers votre vaillante vieillesse : la conviction de la pensée jointe à l'inébranlable droiture de la conscience.

M. René Viviani s'est alors approché et a remis à M. Léon Richer la belle médaille dont il venait de lui parler, puis il lui a donné l'accolade.

M. Léon Richer, ému, touché jusqu'au plus profond de son cœur, les yeux baignés de larmes, a vainement essayé de prononcer quelques paroles de remerciement.

Tout le monde s'était levé, l'entourant ; toutes les mains serraient les siennes dans une effusion touchante.

Au même moment, Mme Amélie Ragon lui offrait un magnifique bouquet.

— A présent, mes amis, dit M. Léon Richer, dont la voix trahissait l'émotion contenue, il faut travailler...

Chacun reprit sa place, et l'on s'occupa des diverses questions à régler.

Lorsque l'ordre du jour fut épuisé, une fête intime commença.

Le célèbre violoniste, Richard Hammer, ami de M. Léon Richer, était présent. Il alla prendre dans une pièce voisine, son Stradivarius, et exécuta plusieurs morceaux avec l'immense talent qu'on lui connaît.

Mme Amélie Ragon, accompagnée par M. Richard Hammer, de

sa belle voix claire et si pénétrante, chanta deux romances bien douces : Amour, reviens !... et Le rêve du prisonnier.

Puis — car ce n'était pas tout — une pièce à deux personnages fut jouée.

Interprètes : Mme Amélie Ragon et Mlle Perrot.

Un lunch amical a clos cette petite fête improvisée, dont aucun de ceux et de celles qui y ont pris part ne perdront jamais le souvenir.

Au nom du Comité :

Le Secrétaire Général,

René VIVIANI.

En 1889, M. René Viviani prit une part active, non seulement au Congrès du droit des femmes, mais aussi au Congrès des œuvres et institutions féminines, où il joignit ses efforts à ceux de Mme Kergomard, pour faire admettre l'égalité des droits des parents sur les enfants. En 1891, il devenait vice-président de la Ligue.

En 1900, on retrouve encore M. Viviani au Congrès du Droit des Femmes ; mais, cette fois, il ne se contente pas de réclamer les droits civils, il aborde la question des droits politiques. Chargé par la section de législation de présenter un rapport, il fait adopter toute une série de vœux dont le dernier est une pétition à la Chambre pour réclamer le droit de suffrage.

Quelques congressistes font des restrictions, proposent des amendements, mais le rapporteur s'oppose à l'adoption de toute mesure transitoire. Le vœu présenté par M. Viviani, au nom de la Commission, est accepté. Le rapporteur invite les membres du Congrès à recueillir des signatures. « Quand elles seront assez nombreuses pour appuyer la pétition, dit-il, je ne demanderai pas mieux que de déposer celle-ci et de la défendre : *si je suis vaincu, je recommencerai !* »

C'est ce qu'il a fait. M. René Viviani a recommencé en mai 1919. Et cette fois, aidé de MM. Briand, Siegfried, Jean Bon, Dr Doizy, Dr Merlin et Bracke, il a réussi à faire proclamer par la Chambre l'égalité politique des deux sexes.

Journaliste, M. Viviani a constamment lutté pour l'émancipation féminine.

Homme politique, il a cherché à réaliser les réformes qu'il préconisait comme membre de la Ligue pour le Droit des Femmes. Dans tous les débats parlementaires relatifs aux lois d'intérêt féminin, on l'a vu intervenir. Enfin, son nom est attaché à la loi permettant aux femmes licenciées en droit de prêter serment et d'exercer la profession d'avocat ; il fut l'auteur et le rapporteur à la Chambre de cette proposition.

Si, pendant quelques années, M. Viviani n'a plus pris part au travail administratif de la Ligue, ce n'est point parce qu'il avait oublié la Société dont il faisait partie en ses jeunes années, mais parce qu'il pensait la mieux servir ailleurs, là où se dépensait la plus grande partie de son activité, dans l'arène parlementaire. Lorsque, l'année dernière, on lui offrit la présidence d'honneur, il accepta de grand cœur.

En 1889, c'était M. René Viviani qui parlait au nom de la Ligue, pour fêter les 20 ans d'existence de la revue *Le Droit des Femmes*. Aujourd'hui, c'est lui encore qui, le premier, parle en son nom pour fêter le cinquantenaire.

« Nous autres, batailleurs quotidiens de la politique, disait-il au banquet de 1900, nous avons souvent besoin, pour vaincre les défaillances qui nous assaillent, de croire à la gratitude humaine, et de nous imaginer que les générations reconnaissantes, un jour tourneront les yeux vers nous ».

M. René Viviani peut croire à la gratitude féminine, il peut être certain que les femmes reconnaissantes tourneront les yeux vers lui, parce qu'il fit beaucoup pour le féminisme et que toujours il fut fidèle à ses principes.

Le Mouvement Féministe

sous le Second Empire

C'est au point de vue économique que la question féministe s'est, sous le Second Empire, posée tout d'abord devant l'opinion

On sait l'emploi croissant de la main-d'œuvre féminine par l'industrie au cours du XIXe siècle. La situation, alors si misérable, de l'ouvrière fit, vers 1860, l'objet de nombreuses études, et Jules Simon et Michelet lui consacrèrent des pages émues qui produisirent grande impression.

En 1861, l'introduction des femmes dans les ateliers d'imprimerie, dont elles étaient restées écartées jusque-là, l'opposition qu'y firent, même par la grève, les typographes parisiens, provoquèrent une longue polémique de presse sur le droit de la femme à exercer tous les métiers auxquels elle montre de l'aptitude.

Et, lorsqu'en 1868, au milieu de l'attention générale, s'ouvrirent les premières réunions publiques, c'est la question du « travail des femmes » qui fut mise à l'ordre du jour des réunions du Vauxhall. Elle donna lieu à de longues et parfois un peu fastidieuses discussions ; mais le débat s'élargit et, à plusieurs reprises, ce fut tout le problème féministe que, devant un public empressé et sympathique, vinrent exposer des orateurs et même des « oratrices », car des femmes, à l'étonnement de certains, ne craignirent pas de paraître à la tribune.

On réclama notamment une meilleure organisation de l'instruction féminine, si longtemps négligée. Avant 1867, la situation de l'enseignement primaire féminin pouvait se résumer ainsi : « Des milliers de communes sans écoles de filles... 5.000 institutrices recevant moins de 400 francs par an ; il y en avait dont le traitement était de 65 francs ; pas une n'avait droit à la retraite ». (Albert Thomas, *Le IIe Empire*, p. 71).

La loi du 10 avril 1867 avait, il est vrai, réalisé certains progrès ; d'une part en décidant, en principe, la création d'une école de filles dans toute commune de plus de 500 habitants, d'autre part en assurant un minimum de traitement pour les institutrices.

A un degré supérieur, sous l'inspiration du ministre Duruy, des cours d'enseignement secondaire de jeunes filles venaient d'être organisées, dans les lycées en province, à la Sorbonne pour Paris, et cette initiative parut alors audacieuse.

Maria DERAISMES

Déjà, pourtant, quelques femmes avaient conquis leur baccalauréat et la Faculté de Paris, à la veille de la guerre, comptait plusieurs étudiantes en médecine.

A l'étranger, d'ailleurs, — en Angleterre et aux Etats-Unis surtout — se dessinait un vif mouvement en faveur de l'émancipation féminine. Et, commentant les vœux des réunions du Vauxhall, la presse française, en cette fin d'année 1868, devait bien reconnaître la place chaque jour plus grande que la question de la femme prenait dans les divers pays.

Mais c'est au début de 1869 que l'action féministe commença vraiment à s'organiser en France.

Cette action s'inaugura par les conférences de Maria Deraismes à la Salle des Capucines, conférences qu'elle continua l'hiver suivant. Maria Deraismes entreprit d'exposer la question de la femme sous ses divers aspects et de réfuter les multiples objections présentées contre son affranchissement. Elle le fit avec un talent et une autorité qui lui valurent auprès de son auditoire un succès presque inespéré.

En 1869 également, apparaissent des journaux féministes : d'abord, en mars, le *Journal des Femmes*, dont l'existence semble avoir été assez brève ; puis le *Droit des Femmes*, fondé par

Léon Richer, dont le premier numéro porte la date du 10 avril 1869. Le *Droit des Femmes*, qui fut publié assez régulièrement toutes les semaines (sauf une interruption d'un mois en octobre 1869) (1), donna aux féministes l'organe qui leur manquait pour défendre leurs idées et développer leur propagande.

Leur attitude est d'ailleurs pleine de modération et de prudence. L. Richer a un double souci : éviter les questions (politiques ou religieuses) susceptibles de diviser les partisans de la cause des femmes ; éviter aussi des revendications qui, justes en soi, peuvent heurter une opinion peu préparée, au point que pour le grand public la perspective de femmes *avocates* paraît alors invraisemblable et tout à fait risible. C'est pourquoi, sans renier le principe de l'égalité politique des sexes, L. Richer considère que le moment n'est pas venu de la revendiquer effectivement.

L'égalité des droits civils, au contraire, il la réclame de la façon la plus pressante. Parmi d'autres manifestations eut lieu le banquet féministe du 11 juillet 1869, tenu sous la présidence de Guéroult, directeur de l'*Opinion Nationale*. L. Richer y prononça une allocution vibrante : « La table autour de laquelle nous sommes réunis n'est qu'un prétexte... C'est un acte que nous accomplissons... et qui commence l'agitation légale ».

Malheureusement, les féministes ne trouvèrent pas dans le parti démocratique, qu'il s'agisse de la presse ou des hommes politiques, l'appui qu'ils avaient espéré pour mener à bien leur action. Le manifeste des députés de la gauche au Corps Législatif (novembre 1869) restait muet sur la question de l'amélioration du sort de la femme. Constatant cette abstention, L. Richer l'expliquait ainsi, non sans une ironie assez amère : « Les députés ne représentent pas les femmes ! N'est-il pas juste dès lors qu'ils ne s'occupent que de ceux qui les ont nommés ».

Pourtant, sur les instances dont ils furent l'objet, certains députés finirent par promettre de déposer une proposition de loi, préparée par Léon Richer, et contenant d'importantes modifications au Code civil au point de vue de la législation du mariage. Mais ils firent ensuite des objections sur la date à

(1) C'est, semble-t-il, le concours financier d'Arlès-Dufour qui permit de reprendre la publication.

choisir pour le dépôt, et, de retard en retard, la guerre arriva sans que le dépôt eût été fait.

Chose curieuse, au Sénat impérial, dans la séance du 27 mai 1870, à l'occasion d'une pétition tendant à accorder une voix supplémentaire aux électeurs mariés, on entendit un sénateur se déclarer partisan du vote des femmes. Or, cette déclaration d'ailleurs isolée, ne fut pas trop mal accueillie, puisque, d'après le compte rendu officiel, elle provoqua seulement des « sourires approbatifs ».

Malgré le peu d'encouragement qu'ils trouvaient auprès des hommes politiques, les féministes continuaient leur action, et, dans son numéro du 27 avril 1870, le *Droit des Femmes* annonçait la fondation de « l'Association pour le Droit des Femmes ».

Les statuts de nouvelle société étaient précédés d'un préambule qui, comme conclusion, déclarait : « Il y a donc lieu de proclamer hautement l'égalité des deux sexes devant la loi et la moralité... »

L'article premier s'exprimait ainsi :

« Il est formé entre les soussignés et toutes les personnes qui adhéreront aux présents statuts, une société dont les membres se proposent de réaliser pratiquement, en les faisant passer du domaine de la théorie dans celui des faits, les principes généraux ci-dessus énoncés... »

Les premières signatures étaient celles de Mme Léon Richer, Maria Deraismes et sa sœur Mme veuve Feresse-Deraismes, Amélie Bosquet, E. Garcin, etc. Parmi les signataires masculins figurait bien entendu Léon Richer.

Les statuts portaient la mention : « Fait à Paris, le 16 avril 1870 ».

L'année précédente, déjà, une société féministe s'était créée, mais elle semble n'avoir fonctionné que quelques mois et on n'en trouve plus trace au moment de la fondation de l'Association pour le Droit des Femmes.

Celle-ci elle-même n'eut pas le loisir d'exercer une véritable action ; trois mois après sa formation, la guerre éclatait. Du moins, la tourmente de 1870 ne lui porta pas un coup mortel ; elle parvint à se reconstituer ; et, depuis, elle a fait preuve d'une assez belle vitalité, puisque la Ligue du Droit des Femmes peut fêter aujourd'hui son cinquantième anniversaire.

Jules Tixerant.

En feuilletant « Le Droit des Femmes »

1869-1891

Lorsque le 10 avril 1869, Léon Richer, fonda *Le Droit des Femmes,* « journal politique, paraissant tous les dimanches », il était manifestement plein de douces illusions.

Dans un article paru en 1872 dans le *XIXe Siècle,* Francisque Sarcey qui l'avait eu comme collaborateur à l'*Opinion Nationale,* trace de lui ce portrait véridique :

« Ce n'est ni un charlatan, ni un illuminé ; il s'est pris de passion pour l'émancipation civile des femmes, dans la société moderne, et il a cherché à organiser chez nous, ce qui réussit quelquefois si bien en Angleterre, une agitation légale.

J'ai eu le plaisir de m'entretenir quelquefois avec lui, à l'époque où il se proposait de fonder un journal qui propageât ses idées. Il ne se posait point en révolutionnaire qui veut tout bouleverser ; c'est un esprit judicieux et réservé ; il avait très sensément, comme font les Anglais, circonscrit dans un cercle assez étroit les réformes à demander...

...C'est précisément cette mesure et ce sérieux qui m'avaient charmé. J'en avais bien auguré pour l'avenir de l'entreprise. Je me disais : Voilà enfin un homme qui sait ce qu'il veut... Il n'y a ni rêveries, ni humanitairerie, ni mysticisme, ni vain bruit de grandes phrases. Cela est clair, net, positif. Il réussira ».

En tête du premier numéro de son journal, dont la vente était autorisée sur la voie publique, par arrêté du ministre de l'Intérieur, en date du 5 avril 1869, Léon Richer avait publié la note suivante :

La plus sûre garantie du succès pour un journal c'est une bonne rédaction. Aussi nos premiers efforts ont-ils eu pour objet de rallier à notre œuvre le plus grand nombre possible d'écrivains de talent. Partout, nous avons reçu le meilleur accueil ; de précieux concours se sont même offerts spontanément à nous et grâce à cette sympathie presque générale, nous sommes heureux de pouvoir présenter à nos lecteurs un ensemble de noms dont la plupart sont depuis longtemps déjà en possession de la faveur publique.

Ce sont par exemple :

MM. Ernest Legouvé (de l'Académie Française), Francisque Sarcey, Jules Claretie, Alfred Assolant, Edouard Siebecker, Camille Flammarion, Félix Hement, Eugène Garçin, Charles Deslys, Jules Levallois, Edmond Douay, Georges Bath, Pagès de Noyez, Albert Cim, Aristide Roger, Edgard Pourcelle.

Mesdames Andrée Leo, Maria Deraismes, M.-L. Gagneur, Amélie Bosquet (Emile Bosquet), Angélique Arnaud, Euphémie Garcin, S. Blandy.

A cette première liste qui comprend, comme on le voit, des noms d'une valeur littéraire considérable, viendra certainement s'ajouter, dans un avenir prochain, une nouvelle série d'écrivains distingués que le but auquel nous allons consacrer nos efforts ne saurait tarder d'attirer bientôt parmi nous.

Ce premier numéro comporte deux articles qui posent nettement la question. Le premier est signé d'Ernest Legouvé. Il expose le programme féministe tel que le comprennent les hommes. Le second est signé Maria Deraismes et il est intitulé « CE QUE VEULENT LES FEMMES ».

Cet effort dura 23 années, au bout desquelles Léon Richer publia ce dernier article (20 décembre 1891) :

Le mauvais état de ma santé m'impose l'obligation de suspendre momentanément la publication du *Droit des Femmes*.

Je dis *momentanément*, parce que j'ai le ferme espoir de reprendre bientôt ma place dans le rang.

Je ne suis pas un « déserteur » : je suis un « blessé ».

Voilà 26 ans et plus qu'on me voit sur la brèche. J'ai débuté, en 1865, par des conférences au Grand Orient de France, rue Cadet. Quatre ans plus tard, en 1869, je fondais ce journal que j'ai, sans désemparer, — si ce n'est pendant le siège et l'investissement de Paris, à la fin de 1870 et au commencement de 1871 — publié très régulièrement.

On ne peut donc douter de mon dévouement profond à la grande et juste cause de l'émancipation complète des femmes.

Je ne suis pas de ceux qui renient leurs promesses.

Non !

Tant qu'il me restera un souffle de vie on me verra figurer dans le camp des défenseurs de la femme.

En P. S. à ce papier, cette note :

Je n'ai pas besoin d'ajouter que l'existence de la *Ligue pour le Droit des Femmes*, dont je suis le Président, est indépendante du journal. En conséquence, les dons et souscriptions à la *Ligue*, ainsi que les dons et souscriptions au *Denier de la femme*, pourront toujours m'être adressés comme par le passé.

Enfin en bas de page, juste au-dessous de l'article, cette pensée :

Blâmer ou louer les hommes à cause du résultat, c'est presque comme si on louait ou blâmait les chiffres à cause du total.

Victor HUGO.

Entre ces deux dates (10 avril 1869-20 décembre 1891), que de luttes, que de combats, que d'amertumes, que d'efforts, que d'espérances et que de désillusions.

Blessé à mort, épuisé, le vaillant pionnier tombait sur le bord du chemin. Il avait toujours la foi, mais il n'avait plus ni la santé ni l'argent.

Il ne pourrait plus écrire. Son journal sombrait, mais il indiquait qu'il lui restait une tribune : la *Ligue*. Il parlerait.

Et la Ligue a subsisté. Et la revue *Le Droit des Femmes* est ressuscitée de ses cendres.

Respectueux de l'idéal légué, de plus jeunes ont repris le flambeau des mains épuisées du grand honnête homme qui succombait en criant : Je suis blessé, mais ne déserte pas. Quelques-uns l'ont déjà suivi dans la tombe, mais le flambeau brûle toujours et nul ne saurait maintenant l'éteindre. La vérité est en marche. Elle nous appelle. Suivons-la.

⁂

Le journal *Le Droit des Femmes* avait d'abord été fondé avec le concours d'amis dévoués et notamment de M. Arlès Dufour, qui, avaient, ensuite, constitué une société anonyme à capital variable par devant Mᵉ Michel, notaire à Choisy-le-Roy, le 24 novembre 1869.

Dans un de ses premiers appels. Léon Richer, après avoir exposé son programme, déclare qu'il compte sur 30.000 abonnés. ce qui, à dix francs, donnera au journal un revenu de 300.000 francs.

Il était, hélas ! loin de compte. Les abonnés n'affluèrent point, et la guerre survint, qui acheva de compromettre l'entreprise. Du 24 novembre 1869 au 31 janvier 1872, le journal encaissa seulement 24.768 fr. 83, tant comme montant des actions souscrites que pour les abonnements et les annonces.

Le 24 septembre 1871 enfin, le journal put reparaître. Il était annoncé comme hebdomadaire. Cela dura quelques mois à peine. Et cependant que d'efforts.

Léon Richer a fait appel à tous les hommes en vue qu'il peut connaître, pour lui donner des articles. Emile de Girardin, Ad. Gueroult, Jules Claretie, Frédéric Passy, en France ;Stuart Mill et Jacob Bright, membre de la Chambre des Communes, en Angleterre, deviennent, pour un jour, les collaborateurs du journal « Le Droit des Femmes » qui publie à cette occasion un numéro exceptionnel.

Cependant le journal est à bout de souffle, c'est-à-dire d'argent. La Société décide d'émettre 150 actions nouvelles à 100 fr. Il s'agit de trouver quinze mille francs.

Dans le le numéro du 31 décembde 1871, Léon Richer engistre la défaite :

> Nous demandions 15.000 francs, écrit-il. Nous avons trouvé 1.500 francs. Notre journal a failli mourir.

Le numéro du 24 décembre n'a pu paraître. Il faut espacer la publication. On ne publiera plus qu'un numéro par mois, deux si possible.

Mais cela ne décourage point Léon Richer. Avec le même calme et la même mesure, il poursuit son œuvre de propagande.

Depuis le 24 septembre 1871, chaque numéro a apporté de nouveaux arguments à la cause. La bataille est engagée sur tous les points : Réforme du Code civil ; Enquêtes sur le travail et le salaire des femmes ; Pétition à l'Assemblée Nationale ; Le suffrage des femmes en Angleterre ; les grandes femmes de l'histoire, etc., etc. Derrière ce chef de file, toute la rédaction fait bloc : Maria Deraismes, Amélie Bosquet, Nelly Lieutier. Jeanne Mercœur, Julie Daubié, Angélique Arnaud, Louise Audebert, Stella Blandy, Valentine Vattier, pour les femmes ; Albert Cim, Georges Bath, Gustave Droz, Louis-Aug. Martin, pour les hommes. Chacun de son côté fait flèche de tout bois.

Le 5 novembre 1871, Maria Deraismes, notamment publie un article sur la Régénération de la France, qui serait encore d'actualité aujourd'hui. La guerre est à peine finie que le Paris d'avant-guerre renaît, avec toutes ses excentricités, ses vices, sa prostitution, ses petits crevés, son luxe effréné.

« Si la France, écrit-elle, veut sincèrement se régénérer, il faut qu'elle entre résolument dans la voie des réformes morales ».

Une campagne méthodique et raisonnée est entreprise dans les colonnes du journal pour obtenir la réforme du Code civil. Une pétition a été lancée. Non seulement elle reproduit le texte des articles nombreux dont on demande l'abrogation ou la modification, mais elle contient également le texte projeté des modifications sollicitées. Ainsi rien n'est laissé à l'imprévu. Et chaque numéro publie les noms des pétitionnaires. Ligue et journal confondent leur action. Tous les efforts convergent vers le même but : l'émancipation de la femme.

Mais que peut un journal qui ne paraît plus que tous les mois ?

Léon Richer, qui est le plus actif collaborateur de son journal, n'a pas perdu espoir. Il prépare un coup d'éclat.

⁂

Le 9 juin 1872, sans qu'un mot eût été imprimé à ce sujet auparavant dans la presse, (*Le Droit des Femmes* lui-même, n'avait pas annoncé le banquet) tels des conspirateurs, les féministes de l'époque se réunissaient en un banquet intime au Palais-Royal, au restaurant Corazza.

Ils étaient environ 150.

Victor Hugo et Louis Blanc devaient être de la fête. Ils n'avaient pu venir, mais ils avaient écrit, et la lettre de Victor Hugo (1) souleva dans la presse des polémiques ardentes, ce qui donna à cette manifestation un retentissement immense.

---

(1) Nous reproduisons le texte intégral de cette lettre dans l'article consacré à Victor Hugo.

Assistaient au banquet MM. Ed. Laboulaye, député, membre de l'Institut ; Henri de Lacretelle, député ; Ad. Gueroult, rédacteur en chef de l'*Opinion Nationale ;* Alfred Naquet, député, Charles Lemonnier, Maria Deraismes, et, bien entendu, toute la rédaction du *Droit des Femmes.* Et chacun, au dessert, fit un discours.

Pour avoir une idée exacte de ce que fut cette réunion, il faut lire en son entier le numéro du *Droit des Femmes* du 7 juillet 1872. Pour la circonstance, il a 8 pages au lieu de 4. Et Léon Richer triomphe :

> Qui donc, écrit-il, pourrait avoir peur maintenant d'être ridicule avec Victor Hugo, avec Louis Blanc, avec Legouvé, avec Laboulaye, avec Schœlcher, avec H. de Lacretelle, avec Naquet, avec Lemonnier, avec le directeur de *l'Opinion nationale*, A. Guéroult, avec le directeur du *Siècle*, Louis Jourdan.
>
> Etre ridicule en pareille compagnie y songe-t-on, mais ce serait un honneur.
>
> Le plus difficile est fait ; la croûte est percée, la glace est rompue ; toutes les timidités d'autrefois seraient maintenant hors de saison.
>
> Qu'on s'affirme et le succès dans un avenir prochain est assuré.

En réalité, comme le note Léon Richer, ce banquet marque le commencement d'une ère nouvelle.

> C'est la première fois, écrit-il, qu'un pareil fait se produit. En France une manifestation aussi caractéristique ne s'est jamais vue. Des hommes considérables, des écrivains, des orateurs, des députés ont été amenés à se prononcer d'une façon non équivoque sur la portée du mouvement.
>
> *Un véritable Meeting en faveur de l'émancipation des femmes a été tenu.*

C'est le premier du genre. Ce ne sera pas le dernier, et toujours nous trouverons comme organisateurs Léon Richer, son journal, le *Droit des Femmes* et la *Ligue.*

La grande presse ne peut passer une semblable manifestation sous silence. La lettre de Victor Hugo est commentée, discutée, faussement interprétée.

Georges Bath résume, dans une phrase, tous les arguments des antiféministes :

C'est toujours, écrit-il, la même accusation : Nous bouleversons la société et nous soutenons les pétroleuses.

Dans *Paris-Journal*, Charles Demailly écrit :

L'émancipation de la femme ! Il ne manquerait plus que ce carnaval à notre gâchis.

Or on vient de banqueter en l'honneur de la femme émancipée.

On a eu, en guise de truffes, une lettre sous la serviette de Victor Hugo.

Il n'y a pas de bonne folie sans lui !

Le journal *Le Français*, publiait de son côté un long article, duquel nous détachons la phrase suivante qui le résume :

Je vote, donc je suis. A moins de voter et de politiquer la femme n'est rien. Les oratrices de Club d'il y a quinze mois et les saintes-mères Michel de la Commune ont été comme les ébauches de la femme future.

La *Liberté* n'est pas moins sévère :

Se peut-il que des rêveries aussi extravagantes viennent halluciner l'auteur des Contemplations...

Le *Figaro* déclare qu'on va saper la famille ; le *Courrier de France* publie cet appel aux mères :

Mères de familles, plus de layettes, un drapeau ; plus de pot-au-feu, une urne : la femme électrice et soldat.

Et il lance ses diatribes contre les « vieilles filles rancies dans le célibat » et « les vieilles femmes aigries dans le mariage ».

Francisque Sarcey lui-même, — qui cependant avait été dès la première heure de la rédaction du *Droit des Femmes*, fléchit et décoche quelques sarcasmes dans le XIXe siècle.

A propos de la lettre de Victor Hugo, il écrit : « Nous l'avons lue à jeun ; peut-être est-on plus indulgent quand on a copieusement dîné ».

Plus tard, Francisque Sarcey reviendra.

Si le bruit fait autour de cette manifestation fut énorme, Léon Richer n'en recueillit guère les résultats qu'il espérait.

Sans doute la question était maintenant posée devant l'opinion. Mais elle était surtout discutée par des adversaires. Et plus la propagande faite par ceux-ci était intense, plus il devenait urgent et indispensable d'y répondre.

Pour cela, il eût fallu que *Le Droit des Femmes* fût quotidien, et il n'était même plus hebdomadaire. Faute d'argent, il n'était que mensuel et il avait même dû changer de titre. Il s'appelait : *L'Avenir des Femmes.*

Cependant Louis Blanc avait envoyé deux articles, Emile de Girardin avait exposé ses théories dans un supplément spécial, Léon Richer et Maria Deraismes avaient entrepris une campagne contre les théories soutenues dans son théâtre par Alexandre Dumas fils, qui devint plus tard adhérent à la Ligue. Ch. Pellarin, de son côté, réclamait « l'émancipation industrielle de la femme ». Entre la publication de deux numéros, Léon Richer battait la province, où il faisait conférence sur conférence, fondant des groupes partout où il pouvait, et recueillant ailleurs des adhésions individuelles.

Mais l'argent n'affluait toujours pas à la caisse du journal. Une idée d'un abonné permit, au cours de l'année 1873, de faire paraître le journal deux fois par mois. Un certain nombre de lecteurs s'étaient engagés à verser 10 fr. par mois pendant 10 mois, au bout desquels ils devenaient actionnaires. Péniblement, Léon Richer recueillit 3.500 fr.

C'était bien peu, mais c'était assez pour paraître, pour agir. Le 10 février 1873, Léon Richer lance l'idée du premier « Congrès international universel de l'émancipation des femmes ».

Ce n'est pas, écrit-il, sans préparation, sans y avoir longtemps et patiemment travaillé d'avance, que l'on arrive à organiser une manifestation de cette importance.

Aujourd'hui, les difficultés préliminaires sont aplanies.

Notre *Association pour le Droit des Femmes* s'est étendue, elle a des groupes formés ou en voie de formation dans plusieurs départements ; elle a recruté des sociétaires dans presque toutes les parties du monde. De plus, elle a établi des relations d'amitié et de solidarité avec un certain nombre de sociétés étrangères.

A l'heure qu'il est, nous comptons des amis, des correspondants ou des représentants dans les villes suivantes :

Angleterre. — Londres, Liverpool, Manchester, Edimbourg
Irlande. — Dublin.
Suisse. — Genève, Berne.
Espagne. — Madrid.
Hollande. — La Haye.
Italie. — Rome, Florence, Larino, Rieti.
Amérique. — New-York, New-Jersey, Chicago, St-Louis.
Avec de pareils moyens d'action nous ne pouvons douter du succès.
... Est-ce que cette activité incessante ne donnera pas un peu de courage à ceux de nos amis qui se laissent envahir par le doute ? Allons qu'on nous aide !
... Je voudrais bien, pour ce qui me concerne personnellement, ne pas user toujours mes forces à secouer les indifférents.

Secouer les indifférents ! Quel travail !

En attendant, pour affermir encore les liens qui unissent déjà ceux qui se sont lancés dans la bataille, Léon Richer fonde le dîner mensuel de l'*Avenir des Femmes*, où se trouvaient réunis chaque mois chez Trappe (Palais-Royal), les membres de la Ligue ainsi que les rédacteurs et rédactrices du journal. Dîner modeste à 3 fr. 25 par couvert. Les abonnés du journal sont invités.

Le premier dîner eut lieu le 2 février 1873. Madame d'Héricourt y prononça une allocution très intéressante sur la revendication du droit politique des femmes en 1848.

C'est là, dans ce milieu, que Léon Richer achève d'élaborer le programme de son Congrès international. Il a demandé à Victor Hugo d'en accepter la présidence, mais l'auteur de *Marion de Lorme* ne peut s'engager. Il est souffrant.

Je suis absorbé, écrit-il de Guernesey à Léon Richer, dans un travail que je tiens à terminer, car je suis à l'âge où la fin de l'auteur peut arriver avant la fin du livre. Mourir est maintenant mon ordre du jour et ma perspective.

Le Congrès devait avoir lieu en septembre. Les événements du 24 mai 1873 vinrent renverser ce projet. Tout était à craindre. La République était menacée. Déjà, dans son numéro du 24 mars, *Le Droit des Femmes* avait dû protester contre la mesure prise par M. de Goulard, ministre de l'Intérieur, contre Mme Andouard.

Mme Andouard avait proposé de faire des conférences à Paris sur « La Question des Femmes ». Le ministre s'y était opposé pour les motifs suivants :

> Ces conférences ne sont qu'un prétexte à la réunion de femmes *trop émancipées*.
>
> Les théories de Mme Olympe Audouard, sur l'émancipation de la femme sont subversives, dangereuses et immorales.

Si, dans les derniers mois de la présidence de M. Thiers, pareil fait avait pu se produire, que serait-ce sous la présidence du maréchal de Mac-Mahon. Où allait-on ?

> Nous ne savons plus, écrivait Léon Richer, le 6 juillet 1873, ni où nous allons, ni sous quelle forme de gouvernement nous vivrons au mois de septembre.
>
> ... Dans cette situation, nous ne pouvons exposer nos amis éloignés à un déplacement coûteux, à un voyage fatigant, pour — au dernier moment — nous trouver dans la dure nécessité de leur apprendre que la réunion projetée a été considérée comme dangereuse par nos gouvernants.
>
> Nous sommes en état de siège et nous y serons encore en septembre.
>
> Ne nous sentant pas libres, nous ajournons le Congrès.

L'ajournement se prolongea jusqu'en 1878. Non seulement pendant toute cette période, il ne pouvait être question d'organiser un Congrès, mais l'*Association pour le Droit des Femmes*, bien qu'ayant modifié son titre, avait dû elle-même se dissoudre.

Seul le journal avait ouvertement continué la lutte, marquant les coups, stigmatisant l'avocat général Dossas, de la Cour de Bordeaux, lorsque, profitant de la rentrée des tribunaux, il faisait un discours contre « l'émancipation des femmes » ; ou louangeant au contraire un jeune avocat parisien, Mᵉ Lemol, qui avait pris comme sujet de thèse de doctorat « L'incapacité civile de la femme », et s'était fait le défenseur des réformes préconisées par Léon Richer et la Ligue.

Enfin le jour se leva. Peu à peu, les libertés furent rendues. L'exposition de 1878 se présentait comme une occasion favorable pour reprendre l'idée de la réunion d'un Congrès international. Léon Richer la saisit.

Il lui était beaucoup plus facile alors de la réaliser.

En 1874, en effet, son idée avait pris corps en Amérique. Une « Ligue internationale des Femmes » avait été fondée à New-York, et les fondateurs de cette association s'étaient aussitôt adressés à lui pour le prier de représenter cette Ligue internationale en France. Léon Richer avait soumis la proposition à l'*Association pour le Droit des Femmes*, qu'il présidait. L'adhésion avait été votée. Ainsi donc, depuis 1874, l'*Association pour le Droit des Femmes* se trouvait en relation directe et officielle avec toutes les organisation internationales du même genre.

Le Congrès eut lieu le 23 juillet 1878 au Grand Orient, rue Cadet. Onze états s'y trouvaient représentés : Allemagne (Alsace-Lorraine), Angleterre, Amérique, Belgique, Brésil, France, Italie, Roumanie, Hollande, Russie, Suisse.

219 délégués s'étaient fait inscrire pour prendre part aux travaux. Parmi eux, je trouve :

9 députés français : Ch. Boudeville (Oise) ; Germain Casse (Paris) ; Louis Codet (Hte-Vienne) ; Emile Deschanel (Seine) ; Gagneur (Jura) ; Godissart (La Martinique) ; Laisant (Loire-Inférieure) ; Tiersot (Ain) ; Talandier (Paris).

2 sénateurs : Eugène Pelletan ; Victor Schœlcher.

5 conseillers municipaux de Paris : MM. de Heredia ; Dr Level ; Antide Martin ; Dr Georges Martin ; Morin.

3 députés italiens : MM. Bertani, Mauro-Macchi, Salvatore Morelli.

2 déléguées officielles du gouvernement italien : Mme Cimino Follino de Luna et Mlle Mozzoni.

A Maria Deraismes revint l'honneur d'ouvrir le Congrès, auquel Clémence Royer assistait. Les travaux durèrent trois jours. Le succès fut considérable, et cela fournit à Francisque Sarcey l'occasion de prendre enfin ouvertement la défense des revendications féministes.

Répondant à un de ses confrères du *Gaulois*, qui, à propos de ce congrès, avait écrit un article méprisant qui se terminait par ces mots : « Enfin, nous allons rire un peu », Francisque Sarcey publia dans le *XIXe Siècle* un article intitulé : « Il n'y a pas de quoi rire ».

En voici la conclusion :

Nous avons la manie de croire que dans toute conversation où les femmes sont mêlées, on ne peut dire que des frivolités et des niaiseries ; et si, par hasard, l'entretien tournant au sérieux, elles prennent la parole, nous ne répondons à leurs bonnes raisons qu'en les apostrophant, tout bas, des épithètes de bas bleus ou de femmes philosophes, en haussant les épaules, ou en lâchant quelque gaillardise salée.

Nous sommes tout de même de fiers sots.

***

A dater de cette époque, l'*Avenir des Femmes*, qui, depuis 1874, était devenu une revue mensuelle, reprit son titre primitif « *Le Droit des Femmes* ».

Dans le numéro de janvier 1879, Léon Richer en donne les raisons suivantes :

> Au lendemain d'une manifestation de cette importance (le Congrès international), le titre que nous reprenons s'impose. Tout le monde comprend aujourd'hui ce que nous entendons par ces trois mots : *Droit des Femmes*. Aucune équivoque n'est désormais possible.
>
> La femme est personne humaine, elle est individu social. Ce que nous voulons pour elle, c'est le droit, le droit sans diminution, sans distinction, sans restriction — tout le droit.
>
> De là, pour nous, je le répète, l'obligation de reprendre pour ne plus l'abandonner, un titre clair, précis, net, catégorique, — un titre qui dit ce qu'il veut dire.
>
> Sans doute, nous continuerons à nous attacher surtout aux réformes immédiatement réalisables, jugeant qu'il est de bonne tactique, dans l'intérêt même de la cause que nous défendons de ne demander à la génération actuelle que ce qu'elle peut donner raisonnablement tout de suite ; — mais qu'on le sache bien, *nous ne rejetons pas ce que nous ajournons*.

Premier pas vers la revendication de l'émancipation politique des femmes !

Jusqu'ici, Léon Richer s'était toujours abstenu. Il avait prêché la prudence.

Peu à peu, maintenant, l'évolution va se faire. C'est que la question du droit des femmes est devenue à l'ordre du jour.

Le Congrès de 1878 a porté ses fruits. On ne parle plus du vote plural, comme en 1871, (proposition de loi de M. le baron de Jouvencel). Quelques députés eux-mêmes, prennent l'initiative, dans leurs tournées électorales, de traiter la question de l'affranchissement politique des femmes.

Au *Petit Parisien*, Jean Frollo, et au *Petit Journal*, Thomas Grimm, ne craignent pas de traiter la question. Et Jean Frollo conclut :

Ne parlons plus d'infériorité : Dans la femme comme dans l'homme, saluons l'être humain et libre.

(Mai 1879).

Gambetta lui-même, a fait à deux reprises, appel au « concours des femmes républicaines ».

Et Léon Richer de noter :

Si la question de l'affranchissement civil et *politique* des femmes n'est pas encore officielement posée dans les Chambres, on peut dire que l'idée progresse.

... N'oublions pas qu'à deux reprises, M. Gambetta lui-même, — si hostile jadis à l'émancipation de la femme — a fait appel dans ses conférences au concours des femmes républicaines.

Les femmes « républicaines » ! mais ce sont celles qui se préoccupent des intérêts politiques.

Vous voyez où nous allons.

(Le Droit des Femmes) Octobre 1879

L'indication était précise. Léon Richer marquait ainsi la nouvelle orientation à donner à la Ligue. Les femmes ne devaient plus se contenter de réclamer les droits civils, mais encore les droits politiques. Le mot se trouve dans le programme de la Ligue de 1882. En voici le premier alinéa :

Identification complète de l'homme et de la femme au point de vue de la possession légale et de l'exercice des droits civils, *en attendant la possession légale et l'exercice des droits politiques*.

En attendant !...

Que de femmes étaient déjà lasses d'attendre ? Elles le montrèrent bien et la lutte qu'elles engagèrent non seulement à Paris, mais encore à Lyon, à Marseille et à Ponthieu (Sarthe), dans les mairies et dans les justices de paix autour des listes électorales, aussi bien que dans les sections de vote autour des urnes, désespérait Léon Richer, qui trouvait cette action intempestive et inopportune.

Il s'en consolait en poursuivant méthodiquement ses campagnes sur : La Recherche de la paternité ; l'abolition de la police des mœurs ; la situation de la femme dans la famille ; le travail des femmes ; le divorce ; la puissance maritale ; l'instruction mondaine des filles ; les femmes médecins ; les enfants naturels ; les femmes commerçantes », etc...

De nouveaux hommes politiques étaient venus se joindre à lui : A. Laisant, Emile Deschanel, Gustave Rivet, A. Naquet, Michelin, Yves Guyot, Frédéric Passy, Auguste Vacquerie.

La dernière grande manifestation dont on trouve trace dans la Revue *Le Droit des Femmes*, c'est le Congrès international des femmes de 1889. Léon Richer s'y était donné tout entier. Son premier article sur ce sujet date de 1886. Il lui fallut trois ans pour aboutir. Ce fut un nouveau triomphe. L'ère des grands congrès était ouverte...

Mais l'homme sortit de l'épreuve épuisé.

Deux ans plus tard, en 1891, il était contraint d'abandonner son œuvre, non pas en « déserteur », mais « blessé ».

Au moins avait-il eu la consolation de pouvoir publier dans le dernier numéro de sa revue, le règlement de la *Fédération française des sociétés féministes*, qu'il avait aidé à fonder :

> Le but de cette alliance ou fédération — lisait-on dans ce document, — est de concentrer dans une action, aussi collective que possible, les forces féminines fédérées.

Rêve d'un jour, hélas ! trop vite envolé, mais réalisé depuis, après le Congrès de 1900, par la fondation du Conseil National des Femmes, que préside Madame Jules Siegfried avec tant de bonne grâce et de dignité.

***

En parcourant cette volumineuse collection de 23 années du journal *Le Droit des Femmes*, il est une chose qui vous frappe et qu'il importe de retenir.

Si rude que fut la bataille, si grossières qu'étaient les injures dont on les couvrait, il n'est pas d'exemple qu'une des rédactrices du journal se soit laissée entraîner à recourir aux mêmes arguments. Bafouées, ridiculisées, calomniées, outragées, elles ne firent jamais appel pour leur défense qu'au bon sens, à la raison, et au droit.

Bel exemple de longue patience ! Il nous est une preuve que l'entrée des femmes dans la vie politique, loin d'en corrompre les mœurs, serait au contraire de nature à les purifier.

G. Lhermitte.

Les présidentes de la Ligue

MARIA POGNON

Femme énergique, intelligente, Mme Maria Pognon devint vice-présidente de la Ligue pour le Droit des Femmes, en 1893 ; l'année suivante, elle succédait à Léon Richer que les forces trahissaient, et qui ne pouvait plus assumer la lourde charge de la présidence.

En 1900, dans le discours qu'elle prononça à l'ouverture du Congrès du Droit des Femmes, elle indiqua comment elle vint au féminisme :

Maria POGNON

Le Congrès, qui eut lieu en 1889 dans la salle de géographie du boulevard Saint-Germain attira de nouveau l'attention ; je puis dire pour ma part que ma conversion au féminisme date de ce Congrès : jusque-là j'avais cru, comme la grande majorité des femmes, que nous avions tous les droits nécessaires à notre bonheur, et, n'ayant pas étudié la question, je la jugeais à priori ridicule et estimais absurdes les femmes revendicatrices. Après avoir entendu les discussions et pris part au vote des résolutions, j'étais absolument conquise au mouvement féministe dont j'avais apprécié la justice et depuis lors je me suis efforcée de faire comprendre à tous la vérité qui m'avait été révélée.

En effet, à partir de cette époque, Mme Maria Pognon s'occupa activement du mouvement féministe dont elle fait ainsi le tableau :

En 1892, nouveau Congrès international à la mairie du VIe arrondissement, dont le maire s'est toujours montré favorable à notre cause ; ce Congrès, qui avait pour promotrice Mme Eugénie Pontonié-Pierre, secrétaire de la Solidarité des Femmes, fut pour la première fois intitulé : « Congrès Féministe » ; le mot féministe date de cette époque.

Enfin, en 1896, eut lieu le dernier Congrès international tenu à Paris ; il fut organisé par la Ligue du Droit des Femmes et par la Solidarité des Femmes ; Mme Eugénie Pontonié-Pierre fut l'âme de ce Congrès et employa toute son énergie pour le préparer.

Tous se souviennent du retentissement qu'eurent nos discussions à cette époque ; la presse entière, non seulement en France mais dans les deux mondes, rendit compte des incidents de séance, et la propagande de nos idées se trouva ainsi faite dans des proportions inespérées et inconnues jusque-là. L'hôtel des Sociétés savantes où avait lieu le Congrès se trouva trop petit pour contenir les curieux, car plus que la conviction ou le désir d'apprendre la curiosité amenait les auditeurs.

Journalistes, hommes de lettres, magistrats, législateurs, tous voulurent voir et entendre ces femmes qui osaient élever la voix pour revendiquer leurs droits ; la plupart venaient pour s'amuser à nos dépens, beaucoup sortirent convaincus de la justesse de nos plaintes et depuis cette époque nous avons pu constater dans la presse, dans la littérature, et dans l'opinion publique, un vif intérêt pour la cause féministe. Mais là ne se borna pas le succès de notre Congrès. Parmi les auditeurs amenés par la curiosité, se trouvait une auditrice plus disposée à railler, à critiquer qu'à approuver ; elle fut comme beaucoup d'autres convaincue par nos arguments, ses yeux s'ouvrirent à la lumière comme les miens s'y étaient ouverts au Congrès de 1889 et, forte de ses convictions nouvelles Mme Marguerite Durand fonda le journal *La Fronde*, premier quotidien dirigé, administré, rédigé, composé par des femmes.

Mme Maria Pognon s'attacha à démontrer aux femmes la nécessité du bulletin de vote, mais elle tint aussi à faire comprendre aux hommes quelles précieuses collaboratrices ils trouveraient dans les femmes. Les colonnes de la *Fronde* lui étant largement ouvertes, elle entreprit une campagne très suivie à ce sujet, et publia notamment une série d'articles sur

« les Conseillères municipales » où sont passés en revue tous les travaux de l'administration communale : finances, voirie, enseignement, assistance, hygiène, etc...

Mme Maria Pognon, présidente de la Commission d'organisation du Congrès de 1900, n'oublia point les anciennes, et elle sut en parler en termes émus. Elle rappela tout ce qui est dû à Eugénie Potonié-Pierre, à Maria Martin, la fondatrice du *Journal des Femmes* ; à Aline Valette, qui rédigea les « Cahiers des doléances féminines » ; à Mme André Léo, écrivain de grand talent. Mais il faut lui laisser la parole quand elle évoque le souvenir de la femme généreuse, qui fut en quelque sorte son initiatrice :

Nous avons encore eu le grand chagrin de perdre en décembre 1898, notre doyenne Mme Griess-Traut, que j'appelais ma marraine en féminisme car si j'ai pu rendre quelques services à la cause, c'est à elle que je le dois. C'est sa volonté tenace, en effet, qui força la mienne et, m'obligeant à vaincre ma réserve toute féminine et toute traditionnelle, me poussa à exprimer, à haute voix, mes opinions et mes critiques de la conduite des hommes à notre égard.

Mme Griess-Traut était une femme de grand cœur, qui se privait de tout confort, pour donner aux autres ; elle travaillait sans cesse au progrès de l'humanité et avait surtout donné pour but à ses efforts la substitution de l'arbitrage à la guerre ; elle rêvait la transformation des armées guerrières destructives en armées pacifiques productives, et âgée de plus de 80 ans, alors que les vieillards ne songent qu'à se reposer, elle envoyait le programme de cette réforme à tous les membres de tous les Parlements d'Europe ; elle collaborait à diverses revues ou journaux et toutes ses heures étaient tellement prises par le travail qu'elle n'eut jamais le temps de songer à elle-même.

Son souvenir reste parmi nous comme un noble exemple de dévouement aux grandes causes.

En 1904, lorsque Mme Pognon dut quitter la France pour se rendre auprès de son fils, dans les colonies, la Ligue la nomma présidente honoraire.

MARIE BONNEVIAL

Le dévoûment et la bonté personnifiés, d'une activité inlassable, donnant à la propagande tout le temps qui n'était pas pris par ses heures de classe, d'une générosité inépuisable, telle était Marie Bonnevial qui fut secrétaire générale de la Ligue pendant plusieurs années, et en devint présidente en 1904.

Sa vie, très mouvementée, doit être racontée ; elle est un bel exemple de volonté, de droiture et de désintéressement, car Marie Bonnevial plaça toujours ses principes au-dessus de tout.

Marie BONNEVIAL

Née à Rives-de-Gier, le 28 juin 1841, dans une famille très modeste, elle fut élevée à Lyon par un oncle qui était forgeron et une tante qui exerçait la profession de blanchisseuse. Souvent elle parlait de ses jeunes années dont elle avait gardé le plus doux souvenir, malgré le dur labeur. Douée pour l'étude, Marie Bonnevial était la meilleure élève de l'école, et elle n'eut pas trop de peine à convaincre ses parents qu'ils devaient la laisser en classe jusqu'au jour où elle obtiendrait le diplôme qui lui permettrait d'enseigner. Elle put alors réaliser son rêve et devenir institutrice.

La guerre de 1870 survint. Marie Bonnevial eut à cette époque la même attitude qu'en 1914. Foncièrement pacifiste, elle avait l'horreur de la force brutale, mais elle pensait que le devoir de tout bon Français était de défendre son pays contre l'envahisseur. Avec quelques autres femmes de la ville, elle ouvrit une souscription et recueillit des fonds assez importants pour faire fondre un canon auquel on donna le nom de « la Ville de Lyon ».

Mais, après la guerre et la Commune, survint le gouvernement de l'*Ordre moral*. Tout ce qui était républicain, libre-penseur, socialiste, fut traqué et poursuivi impitoyablement. Or, Marie Bonnevial avait pris une part ardente aux luttes politiques ; elle avait organisé l'enseignement laïque à Lyon où elle dirigeait une école; elle ne pouvait donc éviter la répression. Traduite devant un Conseil de discipline, puis devant le tribunal correctionnel, elle fut condamnée, et défense lui fut faite d'enseigner en France. Cette mesure inouïe, prise contre elle, lui interdisait donc, non seulement d'être institutrice publique, mais encore de donner des leçons particulières. C'était la réduire à la famine !

C'est à cette époque, en 1873, que Victor Hugo lui adressa la très belle lettre que voici :

Mademoiselle,

La réaction vous frappe, là-bas, à coups d'épingle, ici à coups de massue. Continuez l'œuvre sainte. Restez la patience sans la faiblesse, la résignation sans l'abaissement.

Tous les honnêtes gens vous admirent ; moi, je vous bénis.

VICTOR HUGO.

Paris, 17 septembre.

Marie Bonnevial n'était pas une faible, et puisque la France — qu'elle aimait tant ! — ne lui permettait plus de gagner sa vie, elle résolut de partir. Elle s'en alla bien loin, en Turquie, rejoindre son frère et sa belle-sœur, M. et Mme Paul Bonnevial, qui tenaient un commerce à Constantinople. Là, elle donna des leçons de français dans les familles nobles, dont l'une était même apparentée au sultan. Naturellement, tout le monde connaissait l'aventure extraordinaire de cette jeune femme si mal traitée dans son pays, — car Marie Bonnevial n'aurait jamais voulu pénétrer par surprise dans une maison — et cependant elle était bien vite devenue l'amie de ces musulmanes qui voulaient vivre *à la franqua,* autant que la religion, les mœurs, les coutumes le leur permettaient. Et, lorsque la conversation, par les chaudes journées, languissait un peu, la Princesse priait doucement :

— Dites, Mademoiselle Bonnevial, racontez encore une fois votre procès.

Puis, tandis que montait lentement la fumée bleue des blondes cigarettes d'Orient, la Princesse évoquait ces magistrats sévères s'assemblant pour juger sa douce amie française, si gaie, si rieuse, si droite, si honnête !... et cela lui paraissait être un conte fantastique des Mille-et-une-Nuits !

Malgré l'affection de son frère, malgré toute la tendresse de sa belle-sœur — pour laquelle elle eut toujours la plus profonde reconnaissance — la pauvre exilée avait le mal du pays. Dès qu'elle le put, elle rentra en France et participa, sous la direction de Mme Paulin, à la création d'une école professionnelle pour jeunes filles. Pas de traitement fixe. Lorsque la directrice avait un peu d'argent, elle partageait avec les professeurs. On tentait une expérience, et l'on était riche surtout d'espérances ! Le succès fût la récompense de tant d'efforts. Le Conseil municipal de Paris reprit l'école qui, désormais, appartiendrait à la Ville, et qui devint l'Ecole professionnelle de la rue Ganneron (18e arrondissement).

Marie Bonnevial était donc à nouveau professeur de l'enseignement public, et de tout son cœur elle se voua à sa tâche d'éducatrice. Restée célibataire pour des raisons de famille, regrettant de ne pas connaître la maternité, ses élèves étaient ses enfants, et jusqu'au dernier jour, lorsque quelqu'une de celles qui avaient suivi ses cours lui écrivait, elle ne signait jamais autrement que « une de vos filles ».

Ce qui aurait suffi amplement à remplir une vie, n'était pas.

suffisant pour son activité. Appartenant au parti socialiste, à la Fédération de la Libre-Pensée, à la Franc-Maçonnerie, à la Ligue des Droits de l'Homme, elle trouvait encore le temps de s'occuper de toutes les œuvres sociales : caisse des écoles, bureau de bienfaisance, colonies scolaires, syndicats, coopératives, etc., et de collaborer à divers journaux, notamment à la *Fronde*. Enfin, elle compte parmi les apôtres du féminisme.

La bonne graine qu'elle a semée autour d'elle dans tous les cerveaux, germera sûrement. Une de ses anciennes élèves racontait qu'une fois, en entrant dans la classe, elle avait lu ces mots, tracés sur le tableau noir :

« Mesdemoiselles, je vous prie d'être très attentives, car je suis devenue presque aphone, pour avoir trop défendu vos droits futurs. »

En 1918, quelques jours après l'armistice, elle était renversée par un camion automobile au moment où elle portait à la poste deux lettres adressées à Mmes Siegfried et Maria Vérone, et relatives à l'organisation d'un meeting suffragiste. Elle mourait quelques heures plus tard, ayant ainsi travaillé jusqu'à son dernier moment à l'affranchissement des femmes.

Marie Bonnevial sut partout et toujours imposer l'estime et le respect. Elle avait des adversaires, mais point d'ennemis. Tous ceux qui la connurent l'aimèrent pour sa bienveillance, son esprit clair, son sentiment profond de la justice.

MARIA VÉRONE

Née dans une famille où l'on s'occupait beaucoup des questions sociales, Mme Maria Vérone, dès l'enfance, prit l'habitude du travail et de la propagande. En 1889, alors qu'elle n'était âgée que de 15 ans, elle fut secrétaire du Congrès international de la Libre-Pensée, qui se tint à Paris. Ancienne élève de l'Ecole Sophie Germain, elle se destinait à l'enseignement, et préparait le professorat de mathématiques, lorsque la mort de son père l'obligea à abandonner momentanément ses études. Elle entra alors dans l'enseignement primaire.

Maria VÉRONE
Madame « Quand même » par Barrère (d'après Fantasio).

Institutrice suppléante de la Ville de Paris, Maria Vérone continua à faire le soir des cours gratuits au Cercle Populaire d'enseignement laïque dont elle avait été en 1891, un des membres fondateurs ; elle avait d'ailleurs créé et dirigeait plusieurs sections. En 1895, elle commença à faire des conférences publiques ; elle fut appelée plusieurs fois en province, et c'est ainsi que le 15 août 1897, elle parlait à Orléans de « l'Education du peuple ».

Son discours, d'ailleurs très inexactement rapporté par la presse locale, ne plut pas au gouvernement qui donna ordre au Préfet de la Seine et au Directeur de l'Enseignement, de supprimer le nom de Maria Vérone de la liste des institutrices suppléantes. Aucun recours n'était possible, mais des conseillers municipaux protestèrent contre une semblable mesure prise contre une femme à qui l'on ne pouvait reprocher aucune faute professionnelle, et M. André Lefèvre fit à ce sujet une interpellation à l'Hôtel de Ville.

Quelques mois plus tard, la *Fronde* paraissait. Maria Vérone en devint une des collaboratrices les plus assidues. Elle fit, sous son nom, la chronique municipale et rédigea de nombreux articles relatifs à l'enseignement ; sous le pseudonyme de Thémis, elle fit pendant un certain temps la chronique judiciaire ; elle fut aussi « la Glaneuse » qui discutait avec les confrères de la presse masculine.

Au moment où le grand quotidien féministe cessa sa publication, Mme Maria Vérone entreprit de reprendre ses études, elle passa les examens du baccalauréat, fit ses études de droit, et, en 1907, était admise au barreau de Paris.

Son activité au Palais fut très grande. Elle fut admise au Comité de Défense des enfants traduits en justice, fit partie de la Commission d'organisation des tribunaux pour enfants, et fut nommée membre de la Commission extraparlementaire pour la rédaction d'un Code de l'Enfance. Mme Maria Vérone appartient également à la Société de Législation comparée.

En 1904, Mme Maria Vérone fut nommée secrétaire générale de la Ligue, dont elle faisait partie depuis plusieurs années. En

1918, lors du décès de Mlle Bonnevial, elle devint présidente. C'est à son dévouement et à son travail que sont dûs l'apparition du Bulletin de la Ligue et sa transformation en revue mensuelle, reprenant l'ancien titre « Le Droit des Femmes ».

Tout le temps qui ne fut pas consacré à l'exercice de sa profession ou à ses fonctions de mère de famille, elle le donna à la propagande. Comme écrivain et comme oratrice, Mme Maria Vérone est connue des féministes de tous pays.

Il est juste d'ajouter qu'elle est aidée dans sa tâche par son mari, M. Georges Lhermitte, l'un des vice-présidents de la Ligue.

Le Droit des Femmes

Ce poème a été composé par Clovis Hugues à l'occasion du Congrès du Droit des Femmes en 1889, et lu par l'auteur au banquet de clôture (1).

Qui donc a dit au Peuple en marche,
Broyant les siècles sous son char,
Que le manteau du patriarche
Est le seul refuge d'Agar,
Qu'Adam triomphe encore d'Eve,
Qu'elle aura beau lutter sans trêve,
Liée à nos dogmes étroits,
Et que la nuit, roulant ses voiles,
Eteindrait là-haut les étoiles,
Si les femmes avaient des droits ?

Est-ce l'ombre ? Est-ce la Nature,
Avec le Soleil, son époux,
Avec ses grands bois où murmure
Le vent mystérieux et doux ?
Est-ce la Terre avec son âme
Qui vous a crié que la femme
N'est point votre égale ici-bas,
Et qu'aux heures du sacrifice,
Quand vous créez de la justice,
Son ombre n'est point dans vos pas ?

O tourbe éphémère des hommes !
Avons-nous pesé seulement
Le peu de cendres que nous sommes
Devant l'éternel firmament ?
Avons-nous songé que la fosse
S'emplit de notre gloire fausse,
Dans la descente des linceuls ?
Avons-nous sondé nos abîmes,
Avant de chanter sur les cimes
Que nous avons des droits tout seuls ?

---

(1) *Le Droit des Femmes*, 1er septembre 1889.

Avons-nous évoqué l'image
Des jours innocents et dorés,
Que nous dormions, au premier âge,
En deux bras doucement serrés ?
Avons-nous revu tout ensemble,
L'alcôve et le berceau qui tremble ;
L'asile auguste et triomphant,
Avant d'affirmer, ô chimère !
Que celle qui fut notre mère,
N'est pas égale à son enfant ?

Le tambour bat, le canon gronde.
Plus de famille ! Adieu l'hymen !
Le sang va couler comme une onde,
Le sol sera rouge demain,
C'est la fête de la Patrie :
On conduit à la boucherie
Les soldats parqués en troupeau,
Les murs fauchés, les toits en flammes !...
— Avez-vous consulté les femmes,
Avant de lever le drapeau ?

Quoi ! tout s'évanouit, tout passe !
Un monde naît et disparaît
Comme une clarté dans l'espace,
Comme un souffle dans la forêt !
Quoi ! tout s'écroule pêle-mêle !
Et la femme qui porte en elle
Le fruit des générations,
La femme, esclave de la Peine,
Traîne encore sa vieille chaîne
Au seuil des Révolutions ?

Toujours la même servitude,
Sous le même joug abhorré !
Le prêtre, avec un geste rude,
Lui ferme le parvis sacré ;
Et pour purifier le temple,
Pour donner aux foules l'exemple,
Pour dompter les démons jaloux,
Le lévite, mystique et pâle,
Brûle de l'encens sur la dalle
Où se sont ployés ses genoux.

Dérision ! Affront suprême !
Si l'homme n'a point consenti,
Son témoignage est un blasphème,
Son testament en a menti !
Le Code la proclame impure :
Quand elle offre sa signature,
On fait signer par les passants ;
Quand elle écrit, le juge efface,
Et le scribe infâme la chasse
Du chevet des agonisants.

Si quelque artiste de l'outrage,
Vil reptile au profil humain,
Accourt et lui jette au visage
Toutes les fanges du chemin,
Il ne faudra point qu'elle espère
Lapider l'horrible vipère
Avec les pierres de la Loi,
Tant que l'époux, l'âme brisée,
N'aura point dit à l'épousée :
« Je t'autorise, venge-toi ! »

Si la prostitution vile,
Fantôme affreux, spectre vivant,
La pousse aux pavés de la ville
Comme une honte qui se vend,
N'attendez pitié ni justice :
Elle appartient à la police
Aux mains de bronze, aux poings de fer !
Point de tribunal en simarre !
Un mot suffit et Saint-Lazare
La recevra dans son enfer !

Qu'elle sourie ou qu'elle pleure,
Vierge, mère, aïeule au front blanc,
Elle est l'éternelle mineure,
Elle ne règne qu'en tremblant :
Femme ! ô doux être sans défense !
Elle a moins de droit que l'enfance,
Un peu plus que le criminel ;
Et l'homme, hanté d'un mystère,
La dénonce encore à la Terre,
Quand les dieux l'ont chassé du Ciel !

Car ce qui pèse sur la femme,
Ce qui tient son doux front penché,
C'est l'antique légende infâme
D'Eve, d'Adam et du péché !
C'est Manou criant à Moïse
Que toute l'âme humaine est prise
Dans la femme et dans la douleur !
Et voilà que la grande Bible
La brise sous son texte horrible,
Comme le vent brise une fleur !

Mais l'astre du matin se lève !
Plus de chaînes ! voici le jour,
C'est l'action après le rêve !
Le devoir est né de l'amour.
La Justice, longtemps trompée,
Calme et s'appuyant sur l'Epée
Que rien n'a pu vaincre ou ployer,
Présente en un reflet de gloire
Toutes les Jeannes de l'histoire
A toutes celles du foyer.

Hypocrisie ! hypocrisie !
O muse, assez de lâcheté !
Tu ne seras plus, Poésie,
La menteuse de la beauté !
Quand tu lui diras qu'elle est douce
Comme une fleur des champs qui pousse
Dans le baiser d'or du soleil,
Tu n'auras plus cette folie
De la bercer pour qu'elle oublie
La sainte extase du réveil !

Lamartine, épris d'un poème,
Pourra chanter comme autrefois.
Elvire sera belle, même
Quand elle aura conquis ses droits,
Et qu'importe qu'on lui rappelle
L'outrage qui planait sur elle,
L'essor inconstant de ses vœux,
Pourvu qu'elle soit Marianne,
Debout dans l'aube diaphane,
Avec des fleurs dans les cheveux !

Clovis Hugues.

Les Conquêtes du Féminisme

LES FEMMES DOCTEURS EN MÉDECINE

A mes jeunes Confrères,

Je regrette de constater le manque de curiosité que vous témoignez pour l'étiologie de votre existence. Peut-être supposez-vous qu'il a suffi — il y a 60 ans — qu'une jeune fille se sentit l'envie de donner ses soins à ses concitoyennes pour se présenter à la Sorbonne, puis à l'Ecole de Médecine, passer son bachot et s'inscrire à la Faculté.

Mme le docteur EDWARDS-PILLET

Il importe de vous détromper — et, en vous apprenant les luttes que vos anciennes eurent à subir, — de vous enseigner, en orientant votre reconnaissance, qu'aucune porte ne s'ouvrit aux femmes, sans luttes, parfois violentes.

C'est en 1866 que Mme Madeleine Brès, votre doyenne, mes chères confrères — qui exerce encore aujourd'hui à Paris — ayant demandé à passer les baccalauréats, en vue d'étudier la médecine, fut autorisée, par le Conseil des Ministres, à passer ces examens. Chose assez singulière, ce Conseil des Ministres était présidé par l'impératrice Eugénie dont les idées, vous vous en doutez, étaient assez peu avancées. Mais, je crois qu'il faut rendre à César ce qui lui appartient. Le Ministre de l'Instruction Publique était alors Victor Duruy, un disciple de Fourrier, et, c'est plus probablement à lui que doit remonter vraiment notre reconnaissance.

Quoi qu'il en soit, la porte était ouverte par Madeleine Brès, et comme toujours, chez nous, ce furent deux étrangères qui la franchirent les premières. Mme Garett, en 1870, Mme Putnam, en 1871, passèrent la thèse de doctorat, que Mme Brès ne soutint qu'en 1875.

Il lui avait fallu ce temps pour passer les baccalauréats puis faire des études, parfois retardées par ses jeunes enfants qu'elle devait élever sans aucune fortune.

Mme Garett Anderson, Anglaise très distinguée, fut plus tard la fondatrice de l'Ecole et de l'Hôpital des femmes-docteurs en Angleterre.

Mme Putnam-Jacobi, aux Etats-Unis, fut, avec miss Blackwell qui n'avait pu faire ses études médicales en France, l'initiatrice de cette pléïade de femmes-docteurs dont nous avons pu apprécier le savoir et le dévouement dans la Grande Guerre. Elle fut professeur de l'Ecole de Médecine, à Chicago, je crois.

Mme Ribard, qui passa sa thèse en 1876, fut opthalmologiste, accompagna Paul Bert au Tonkin, y fit des cures intéressantes, et aurait servi le maître dans sa pénétration pacifique de notre colonie, si la dysenterie ne l'avait terrassée à Hué, quelques semaines avant le grand Français auquel nous devons, nous les femmes-docteurs, une si grande reconnaissance. Mais n'anticipons pas.

Le nombre des thèses soutenues augmente rapidement; mais jusqu'alors, quoique les hôpitaux fussent ouverts, comme l'Ecole, aux femmes étudiantes, aucun concours ne leur était accessible où elles pussent mesurer leurs connaissances avec celles de leurs camarades et il était facile de dire : « Etudes de femmes, un peu inférieures naturellement ».

C'est en 1881 que je demandai mon inscription au concours

de l'Externat des hôpitaux de Paris, ce qui me fut refusé d'emblée. Rien ne motivait ce refus que... le libellé du concours : « Tout étudiant ». Pendant dix-huit mois je me heurtai à tous les refus. Ad-mi-nis-tra-teurs, du petit au grand, médecins des hôpitaux, chirurgiens, internes, étaient unanimes. C'est impossible de vous autoriser à concourir : l'Externat donne accès au concours de l'Internat et une femme ne peut pas être interne.

Enfin, le directeur Quentin — qui n'était pas médecin — conseillé par quelques hommes politiques, quelques professeurs de la Faculté, se décida à laisser concourir les femmes qui prirent part au concours de 1882. Mlle Klumpke et moi, passâmes le concours dans un très bon rang. Mais, ce n'était qu'un échelon et, naturellement, l'Internat seul nous tentait. De 1883 à 1885, au milieu d'une hostilité qui nous fit successivement fermer les conférences de préparation, qui nous poursuivit dans les services, nous fîmes cette dure campagne. Les arguments : Les convenances qui rendaient la salle de garde un endroit où les jeunes filles ne pouvaient aller ; la pudeur des malades — hommes — qui ne pouvaient se laisser soigner par des femmes. (Qu'en pensez-vous, jeunes femmes et jeunes filles qui, pendant cinq ans, avez soigné vos frères, nos chers soldats, dans toutes les formations sanitaires ?) Le manque de forces physiques qui les empêcherait de réduire les luxations de la hanche !! je le pense bien, mais il y a pas mal de chirurgiens des hôpitaux qui se trouveraient dans le même cas. Notre infirmité intellectuelle qui ne nous permettrait pas de réussir au concours (alors pourquoi redouter de nous y admettre) ; la présence des femmes abaissera le niveau des études ; (c'est encore nouveau aujourd'hui ; comment un plus grand nombre de candidats pour un même nombre de places au concours peut-il diminuer le niveau d'un concours ?) — l'impossibilité d'envoyer les femmes comme internes au Midi (hôpital des génito-urinaires hommes d'alors) — mais pourquoi choisiraient-elles ces services quand il y a tant de salles de femmes ou d'enfants.

A la Société des Médecins des hôpitaux, quatre seulement se prononcèrent pour l'admission des femmes. A la Société de chirurgie, quatre chirurgiens déclarèrent qu'il était juste de les admettre. Tous les professeurs de sciences à l'Ecole étaient pour nous et aussi, des Maîtres vénérés, les plus savants, les plus grands : Charcot, Verneuil, Vulpian, Bouchard, Cornil, Potain, Fournier, Guyon, Hayem, Wurtz, Landouzy, Raphaël Blanchard, Armand Gauthier, Balzer, Gariel, Farabœuf, Sappey, Ch. Richet, Brissaud.

La pétition des Maîtres fut signée par les plus beaux noms de la science et c'est cette pétition que je mis entre les mains de Paul Bert pour aracher au Conseil Municipal, au Préfet de la Seine, l'autorisation de concourir.

Paul Bert ne voulut pas partir au Tonkin sans avoir obtenu cette autorisation, et, en mai 1885, le directeur de l'Assistance Publique fut forcé d'admettre notre droit au concours où nous nous présentâmes, en octobre 1885, Mlle Klumpke et moi. Nous fûmes nommées Internes provisoires et l'an suivant, Mlle Klumpke fut nommée Interne, et je fus derechef nommée prosoire.

Depuis, de nombreuses jeunes femmes ont concouru à l'Internat et je ne sache pas que leur présence dans les salles de garde — et dans les salles de malades ait donné lieu à autre chose qu'à de franches manifestations de bonne camaraderie dans les premières, et à des soins aussi dévoués que ceux de leurs confrères masculins.

Personne ne se rappelle ces luttes, au cours desquelles je fus brûlée en effigie au bal Bullier le soir du concours de 1885, après une séance des plus orageuses où, sur la place de l'Hôtel-de-Ville, tous les jeunes gens appartenant à toutes les jeunesses sauf peut-être à la jeunesse studieuse, vinrent manifester contre mon admission au concours en hurlant : Conspuez Blanche. Comme M. Fallières, alors Ministre de l'Intérieur, avait obligé M. Peyron, Directeur de l'Assistance Publique, à m'inscrire, on crut le reconnaître dans la personne d'un parent qui m'accompagnait et je crois bien qu'il fut un peu conspué aussi.

Voilà, mes jeunes camarades, les luttes que nous eûmes à

soutenir pour vous ouvrir les portes de l'Ecole, puis des concours. Il vous reste encore de la besogne.

Si le concours de médecin de St-Lazare en 1889, fût accessible aux femmes (j'y concourus et fus admissible 3e alors qu'il y avait deux places) — les concours des hôpitaux, ceux de l'Agrégation sont encore hermétiquement fermés.

Une femme, Mme Long-Landry, a été chef de clinique adjointe à la Salptrière ; sa nièce, Mlle Hélène Landry, est chef de cabinet du Ministre de la Marine ; une de ses sœurs, Mme Thuillier-Landry, fut interne des hôpitaux ; l'autre, Mme Pichon-Landry, docteur en droit, est secrétaire du Conseil National des femmes. Une femme, Mme Houdré, est chef de laboratoire aux Enfants-Malades. Mais les concours sont fermés et j'espérais, en 1885, qu'il ne se passerait pas 35 ans avant que de nouvelles portes fussent enfoncées.

Notre succès a aidé les élèves des Beaux-Arts et les Avocates à triompher. A votre tour, jeunes filles — ce ne sera pas facile — mais vous ne voudrez pas que nos confrères, à l'étranger, soient, en Italie, profeseurs de Faculté ; en Amérique, occupent toutes les fonctions et soient officiers à tous les degrés dans les Ecoles Mixtes ; qu'en Angleterre elles aient leurs hôpitaux et professent dans leurs écoles, tandis que chez nous où ont été diplômées les premières femmes docteurs du monde entier — nous n'avons, depuis trente-cinq ans, fait aucun nouveau progrès.

Courage et bravez les obstacles.

Votre ancienne,

Dr Blanche Edwards-Pilliet.

LA FEMME AVOCAT

Les sceptiques ont eu tort. Les railleurs ont été déçus.

Lorsque mon éminent ami Viviani, brisant d'injustes résistances, fit voter par le Parlement la loi qui accordait aux femmes le droit de porter la robe d'avocat, ce fut, pour les journaux satiriques et les revues de fin d'année, une véritable aubaine.

Des plaisanteries d'un goût douteux, des traits piquants ou mordants, des mots d'esprit ou soi-disant tels, des railleries qui voulaient s'efforcer d'être méchantes et qui n'avaient pas même le mérite d'être drôles, accueillirent le vote qui permettait aux femmes de porter la robe noire rehaussée d'une épitoge herminée.

Mlle Chauvin, Madame Maria Vérone sont venues les premières, se faire inscrire au barreau de Paris. La dignité de leur existence, leur excellente tenue à la barre et — ce qui ne gâte rien — leur talent remarquable, imposèrent de suite l'attention et le respect.

Les juges écoutèrent avec une faveur marquée ces femmes intelligentes et énergiques qui voulaient conquérir leur place dans une profesion difficile et encombrée. Les confrères comprirent que les femmes-avocats pouvaient être, à la barre, des adversaires redoutables,

Aujourd'hui, plus de cinquante femmes sont inscrites au barreau de Paris. Elles plaident avec dévouement toutes les causes qui leur sont confiées. Elles ne se contentent pas d'exercer dans les audiences de la Cour ou du Tribunal la plus belle et la plus noble des professions, elles savent aussi défendre avec courage et tenacité les droits de la femme. A Paris, en France, même à l'étranger, elles ont, par la parole et par leurs écrits, soutenu la plus juste des causes : celle de l'égalité absolue de l'homme et de la femme

Bientôt leur effort sera récompensé. La Chambre des Députés a voté une loi qui donne aux revendications féminines des satisfactions nécessaires. Le Sénat se souviendra du rôle admirable joué par les Femmes françaises pendant la guerre, et il consacrera par son vote la réforme heureuse qui associera plus étroitement à la vie de la Nation celles qui n'ont jamais désespéré de la Patrie, après lui avoir donné d'admirables défenseurs.

HENRI-ROBERT, *Ancien bâtonnier.*

LES FEMMES ARTISTES

A l'école des Beaux-Arts — Les prix de Rome.

A la fin du XVIIIe siècle quelques femmes, telle Madame Vigée-Lebrun, (fille du peintre Vigée et femme de Lebrun, marchand de tableaux), s'occupèrent d'art, mais ce n'est qu'au XIXe siècle qu'elles en firent la carrière à laquelle elles demandèrent leur gagne-pain.

Nous trouvons alors une femme sculpteur, laquelle exposa au Salon sous un nom d'homme vers le milieu du siècle. Pourquoi ? Sans doute il n'était pas admis que les femmes devinssent artistes... Cette femme exposa donc sous le nom de Léon Berteaux (c'était la femme de Léon Berteaux). Elle eut à lutter, fut souvent remplie de découragement car le jury ne lui décerna pas une première médaille. Elle ne devint H. C. qu'à la suite de la décision de 1872 ou 1873 et fut la seule femme qui étant H. C. put siéger au jury (années 1897 et suivantes).

Femme de cœur elle chercha le moyen d'aider les jeunes à se faire connaître de leurs juges et fonda dès 1881 l'Union des Femmes peintres et sculpteurs. Puis jugeant que si les femmes entraient à l'Ecole des Beaux-Arts et pouvaient concourir pour le prix de Rome, elles trouveraient un appui certain dans l'Etat, et une culture artistique non critiquable, elle formula en 1889, au congrès officiel, le vœu acclamé à l'unanimité et transmis au Ministère « que les femmes artistes fussent admises à « l'école des Beaux-Arts et aux concours pour les prix de « Rome ». Renouvelant ses revendications, elle obtint enfin en 1891 la déclaration du Conseil supérieur des Beaux-Arts « que l'Etat ne peut refuser aux femmes l'instruction artistique qu'il accorde aux hommes ». Entre temps elle conseilla aux jeunes de se faire inscrire pour les concours de Rome ; — mais, à l'école il fut répondu que les règlements n'interdisant pas les inscriptions de femmes, elles pouvaient être sur la liste ; — mais que les règlements n'indiquant pas de droit pour elles, à être convoquées, elles ne le seraient pas. Les cours oraux seuls leurs furent accessibles.

Toutes ces démarches faisaient du bruit, animaient l'opinion, mais n'aboutissaient pas ; aucun crédit n'avait été voté pour affirmer la décision, une simple promesse avait été faite à M. Bardoux, sénateur.

Lorsque, le 6 juin 1896, Mlle Jamin, élève de MM. Herst, Edouard Sain et Carolus-Duran, exposante au Salon des Artistes Français (section de peinture) élève des cours oraux de l'Ecole Nationale des Beaux-Arts, adressa, à M. Paul Dubois, directeur de l'Ecole, une lettre le priant de bien vouloir l'inscrire au nombre des candidats appelés à se présenter au concours d'admission de « l'Ecole proprement dite » (section de peinture), M. Paul Dubois répondit en ces termes :

Mademoiselle,

En réponse à votre lettre en date du 6 juin dernier, j'ai l'honneur de porter à votre connaissance que les cours oraux sont ouverts aux dames depuis le mois d'octobre dernier. Mais elles ne sont pas admises dans les ateliers de peinture de l'école.

Vouillez agréer...

Signé : *Le Directeur de l'Ecole Nationale des B.-A.,*
Membre de l'Institut,
Paul Dubois.

En possession de cette réponse *écrite* qui constituait une pièce administrative accusant une fin de non recevoir, Mlle Jamin pouvait agir.

La lettre de M. Paul Dubois fut remise par elle à M. Léonce de Sal, sénateur, qui la remit à son tour à M. Rambaud, Ministre des Beaux-Arts, en présence de M. Bardoux, sénateur.

Ce fut le point de départ d'une campagne parlementaire qui dura pendant six mois et à laquelle cette jeune fille prit une part active, multipliant autant qu'il fut nécessaire, les visites aux députés et sénateurs influents, parmi lesquels : MM. Maurice Faure, Bardoux, Rambaud, Georges Berger, Raymond Poincaré, Léon Bourgeois, Dujardin-Beaumetz, etc...

Cette campagne aboutit, le 28 novembre 1896, au vote par le Parlement de l'amendement de M. Maurice Faure établissant un crédit de 13.500 fr. nécessaire à l'admission des femmes à l'Ecole des Beaux-Arts.

Entre temps une campagne de presse dont le premier article

fut rédigé à l'instigation de Mlle Jamin par M. Georges Montorgueil, rédacteur au journal « L'Eclair », avait saisi l'opinion publique de la question, qui avait été soutenue en général par la grande majorité des journaux français aussi bien à Paris qu'en province.

Parmi les personnes qui contribuèrent au succès de cette œuvre de justice et qui aidèrent Mlle Jamin de leurs conseils, il convient de citer, à leur honneur, les noms de M. Louis de Fourcaud, membre du Conseil supérieur des Beaux-Arts professeur d'Esthétique et d'Histoire de l'Art à l'Ecole Nationale des Beaux-Arts. (aujourd'hui décédé), et de M. Henry Jouin (également décédé), secrétaire de l'Ecole Nationale des Beaux-Arts, et critique d'art éminent, qui malgré la situation qu'il occupait à l'école et qui l'obligeait à une délicate réserve, fut pour l'initiative du mouvement un dévoué et précieux collaborateur.

Les Femmes à l'ECOLE proprement dite.

La loi du 28 novembre 1896 ouvrait l'Ecole des Beaux-Arts aux femmes ; le 8 juin 1897 eut lieu en conséquence, le premier concours d'admission des femmes à l'école de la rue Bonaparte.

Sur 42 concurrentes admises à concourir on en reçut 9 dans l'ordre suivant :

Mlles :

1re Jamin ; 2e Fiérard ; 3e Hamon ; 4e Sévrin ; 5e Maire; 6e Barbusse ; 7e Mme Ypermann ; 8e Forster ; 9e Evrard.

D'après les règlements de l'Ecole, les élèves admis ne sont élèves de l'école « proprement dite » que jusqu'à la session d'examen suivante. A cette époque, ils doivent, s'ils veulent continuer à faire partie de l'école, subir de nouveau, avec succès, les épreuves d'admission.

Toutefois, dit le règlement ;.......... sont dispensés de recommencer les épreuves d'admission ...... les élèves qui ont obtenu le titre de *1er* dans l'un des précédents concours, ou encore, ceux dont le ***rang d'admission est compris dans une limite*** fixée par le conseil supérieur de l'Ecole à chaque session.

En 1897 il se présenta 42 femmes et 396 jeunes gens. Sur les 42 femmes :

Mlle *Jamin* reçue 1re au concours obtint 402 points ; Mlle Fiérard, 395 ; Mme Hamon, 369 ; Mlle Sévrin, 369, etc.

Parmi les jeunes gens, 87 furent admis : Le 1er obtint 465 points ; le 2e 419; le 3e 414; le 4e 411; le 5e 410; le 6e 403; le 7e 393.

Les 7 premiers jeunes gens furent reçus à *titre définitif* par décision du conseil ; mais aucune femme, même la première, ne fut admise à titre définitif. Mlles Jamin et Fiérard eurent donc la surprise de recevoir de l'Administration dès cartes d'*élèves temporaires*.

Il fallut que M. Maurice Faure fît à ce sujet une réclamation au Ministre des Beaux-Arts pour que, dans sa séance du 12 octobre 1897, le conseil supérieur de l'Ecole prît la décision de recevoir Mlles Jamin et Fiérard élèves de l'école à *titre définitif*.

Les Ateliers.

L'école proprement dite était ouverte aux femmes, mais les ateliers de peinture, sculpture, architecture, qui, du reste, *en principe, ne font pas partie de l'Ecole,* leur étaient fermés.

Sur l'initiative de Mlle Jamin, les élèves reçues au premier concours firent une pétition pour demander l'ouverture de ces ateliers. Grâce, en outre, à l'intervention parlementaire de M. Viviani, que Mlle Jamin sollicita, cette lacune fut comblée et l'égalité fut définitivement établie entre les élèves femmes et les élèves hommes de l'Ecole des Beaux-Arts.

La porte était ouverte. Madame Berteaux vit, en 1897, les femmes entrer officiellement, enfin, dans cette école, qui pouvait et devait consacrer leur talent.

Quelle réception leur fut faite... Elles ont l'esprit trop large pour se souvenir qu'elles ont été conspuées... La meilleure réponse était le travail ; elles travaillèrent ; et, en 1911, c'est-à-dire 14 ans plus tard (les conquêtes qui sont un pas dans le progrès son toujours lentes à se réaliser) l'une d'elles, une femme sculpteur, Mlle Lucienne Heuvelmans obtint le prix au concours de Rome.

Madame Berteaux ne vit pas ce succès, elle était morte en 1909... sans que son réel talent fût consacré par ses pairs, puisqu'elle n'obtint pas une première médaille et ne reçut jamais, même pour avoir fondé l'Union des Femmes Peintres et Sculpteurs, la recompense que nous lui souhaitions toutes dans le ruban de la Légion d'Honneur... Les pionniers ne trouvent jamais grâce devant leurs contemporains. Celles qui bénéficieront seront les prix de Rome et les boursières de voyage actuelles. Elles commencent à former une phalange imposante et comme elles entreront dans la Société des boursières, elles seront défendues plus que nos contemporaines. Qu'elles portent haut le flambeau et se souviennent que les ronces nous ont déchirées et les pierres, meurtries, mais que nous avons frayé la route quand même...

Si nous jetons un coup d'œil sur les résultats obtenus, nous voyons jusqu'ici : 3 prix de Rome,

une vigtaine environ de bourses de voyage.

Les prix de Rome : Mlle L. Heuvelmans, sculpture.
Mlle Lily Boulanger, musique.
Mlle Canal, en 1920.

Trois prix de Rome furent obtenus en neuf ans, il avait fallu 15 ans pour obtenir l'admission des femmes à l'Ecole, et 11 ans pour que l'une obtint le prix de Rome.

Les années parcourues peuvent se marquer de pierres blanches de plus en plus rapprochées ; mais les premiers pionniers du féminisme en Arts ne trouveront pas plus de courtoise équité devant leurs pairs, je le crains, que la vénérée Madame Léon Berteaux, leur grande Première ; toutefois ne desespérons pas, car dans certaine société à l'esprit libéral, *la Nationale*, 22 femmes, dont 12 Françaises, ayant le titre équivalent au H. C., ont vu deux des leurs, Mme Serruys et Mademoiselle Poupelet, siéger parmi les membres du jury de 1920.

L'avenir est donc, selon moi, aux boursières de voyage... qu'elles travaillent ferme et soient droites... l'âme des aînées les guidera.

Blanche Moria.

Documents concernant la question.

1er article signé Georges Montorgueil, « L'art et la femme ».
Journal « *L'Eclair* », 4 novembre 1896.

Journal Officiel, séance du 28 novembre 1896.
(suite de la discussion du budget des Beaux-Arts).

« Manifestation antiféministe à l'Ecole des Beaux-Arts ».
Journal l'*Eclair*, 16 mai 1897.

Création des ateliers pour les femmes à l'école des Beaux-Arts.
Journal Officiel, séances du 1er mars 1899 et 19 janvier 1900.

B. M.

Quelques Réformes Législatives

Le Code Civil a subi d'assez nombreuses modifications depuis le rétablissement du divorce, en 1884.

De multiples réformes ont été introduites, battant en brèche le principe de l'autorité maritale, et cependant la femme mariée est encore une mineure, une incapable au point de vue civil.

En 1897, la femme est admise comme témoin dans les actes de l'état-civil. Quelle conquête ! Dix ans plus tard, on pouvait enfin enregistrer une victoire beaucoup plus importante. La femme mariée obtenait la pleine propriété du produit de son travail, lorsqu'elle exerçait une profession distincte de celle de son mari.

La loi du 13 juillet 1907 accorde à la femme le droit d'acheter, sans l'autorisation de son mari, des valeurs mobilières ou des immeubles, de les vendre dans les mêmes conditions, et même de plaider, sans autorisation maritale, pour tout ce qui a trait à son travail, son salaire, ou les économies qui en proviennent. En outre, la femme peut obtenir du juge de paix, l'autorisation de saisir une partie du salaire du mari, lorsque celui-ci ne subvient pas volontairement aux charges du ménage.

La femme qui travaille, même placée sous le régime de la communauté légale par l'absence de contrat, se trouve ainsi avoir beaucoup plus de droit que la femme séparée de biens, qui a une fortune personnelle. Malheureusement, ce principe nouveau — qui a vivement ému les juristes — est loin d'être appliqué d'une façon courante ; les hommes veulent ignorer une loi qui choque leurs vieux préjugés, banquiers et notaires refusent de l'appliquer, et il n'est que peu d'établissements de crédit qui autorisent l'ouverture de comptes dans les formes prévues par la loi de 1907. Il serait indispensable cependant que les travailleuses — manuelles ou intellectuelles — connussent l'importance d'une réforme qui leur rend un peu de la liberté qu'elles ont perdue en se mariant.

La loi qui régit la constitution du *bien de famille* est venue aussi restreindre les droits de l'époux. L'immeuble, constitué en bien de famille, est incessible et insaisissable ; d'où une grande sécurité pour la femme et les enfants qui sont certains de ne pas être dépouillés par le mari ou par ses créanciers. Cette garantie disparaîtrait si l'homme seul avait la possibilité de renoncer à cette constitution et aux avantages qu'elle comporte. C'est pourquoi le législateur a exigé le consentement de la femme à la renonciation, donné non point même par écrit — car une signature peut être obtenue par la violence — mais devant le juge de paix.

En 1907 également, fut révisée la loi sur le mariage, spécialement en ce qui concerne le consentement des parents. Il fut décidé qu'en cas de dissentiment entre parents divorcés, il serait suffisant d'apporter le consentement de celui des époux qui a obtenu le divorce à son profit et la garde de l'enfant.

Une disposition à peu près semblable existe relativement à l'engagement militaire ; elle est même moins stricte, puisque le consentement de celui des parents qui a la garde de l'enfant est seul requis.

C'est aussi en 1907 qu'a été modifiée la législation relative aux enfants naturels. La puissance paternelle appartient à celui des parents qui a reconnu l'enfant en premier, c'est-à-dire à la mère dans beaucoup de cas ; mais lorsque la reconnaissance a été faite en même temps par le père et la mère, le père seul a autorité sur l'enfant.

La recherche de la paternité, réclamée depuis si longtemps, n'a été admise qu'en 1912. Encore la loi est-elle loin d'être parfaite ! Un commencement de preuve par écrit étant obligatoire dans la plupart des cas, il suffit que l'homme soit prudent pour n'encourir aucune responsabilité. Mais ce n'est pas tout, cette loi civile prévoit des pénalités : amende, prison, interdiction de séjour, pour la femme qui serait déclarée de mauvaise foi. Enfin, dans les colonies, les métis nés d'une mère indigène et d'un père français peuvent être exclus du bénéfice de la loi.

Pendant la guerre, intervint en 1917 une loi permettant à toutes les femmes d'être membres des conseils de famille, et d'exercer les fonctions de la tutelle ; mais les femmes mariées ne peuvent être tutrices sans l'autorisation de leur mari.

La condition des ouvrières et employées a été quelque peu améliorée, d'abord par la loi des sièges, puis par la loi sur le salaire minimum pour le travail à domicile, enfin par *la loi Strauss* sur le repos des femmes en couches. Toute femme qui travaille habituellement hors de chez elle, et n'a pas d'autres ressources que son salaire, a droit à une allocation de repos pendant huit semaines, dont quatre semaines avant et quatre autres après l'accouchement.

De plus, depuis octobre 1919, un secours supplémentaire de

quinze francs par mois est accordé à la mère qui allaite son enfant.

Ce secours est absolument dérisoire, et les femmes seront encore dans l'obligation de mettre leurs poupons dans les crèches, ou de les envoyer en nourrice. Or, la *loi Théophile Roussel*, votée en 1874, et qui a pour but d'assurer la protection des nourrissons, n'a guère donné de résultat, car l'administration chargée de l'appliquer, oublie généralement de nommer les comités départementaux et les commissions locales. Deux mères de famille doivent obligatoirement faire partie de ces commissions, il appartient aux groupements féministes de le rappeler aux préfets.

Il est absolument nécessaire que les femmes profitent des droits acquis, qu'elles entrent dans toutes les commissions qui leur sont ouvertes ; elles montreront ainsi qu'elles peuvent rendre des serivces, et pourront plus aisément réclamer de nouvelles réformes.

Jusqu'à présent, les femmes n'ont obtenu aucun droit politique, mais elles ont cependant des droits électoraux.

Depuis 1898, les femmes commerçantes participent aux élections des juges aux tribunaux de commerce et des membres des Chambres de commerce, mais elles ne sont pas éligibles.

Une loi récente ayant créé des Chambres d'agriculture, l'électorat et l'éligibilité furent conférés aux femmes.

Il n'y a aucune raison pour que les commerçantes ne soient pas appelées à siéger dans les tribunaux de commerce, alors qu'elles sont admises comme membres des conseils de prud'hommes à rendre la justice. Les ouvrières ont d'ailleurs ce même droit, et l'on a vu certaines d'entre elles présider les audiences avec talent et autorité. C'est en 1907 que les femmes ont obtenu l'électorat aux conseils de prud'hommes, et un peu plus tard, l'éligibilité leur fut accordée. Aujourd'hui, la compétence de cette juridiction est fort étendue, les différends entre patrons et salariés sont très nombreux, et cependant personne n'a jamais songé à critiquer les conseillères qui exercent leurs fonctions à Paris ou en province.

Peut-être un jour pensera-t-on que les femmes peuvent, sans inconvénient, être admises dans la magistrature, et qu'elles ont une place tout indiquée dans les tribunaux pour enfants.

M. V.

Dans l'Enseignement

LES ÉCOLES OUVERTES AUX FEMMES

Après avoir lutté pour être admises aux examens du baccalauréat, les femmes se firent ouvrir les unes après les autres les portes de toutes les facultés. Partout, elles remportèrent de brillants succès. Cela gêna même parfois les hommes qui obtinrent que la plupart des concours ne fussent point mixtes, mais distincts pour les candidats et les candidates.

Des lycées de jeunes filles s'ouvrirent de tous côtés, et la préparation au baccalauréat y prit de plus en plus de place. Le nombre des étudiantes à la Sorbonne, dans les facultés de Paris ou de province augmenta sans cesse ; les licenciées et agrégées constituent maintenant une véritable élite intellectuelle féminine.

L'Ecole de Sèvres, si décriée à ses débuts, est aujourd'hui unanimement admirée, ainsi que l'Ecole de Fontenay-aux-Roses. Il se forme là des professeurs émérites ; et les élèves étrangères qui y ont séjourné durant quelque temps portent ensuite dans leurs pays respectifs la culture française.

Voici quelles sont actuellement les écoles mixtes ouvertes aux femmes :

Etudes supérieures.

Faculté des Lettres ;
Faculté des Sciences ;
Faculté de Médecine ;
Faculté de Droit ;
Ecole Normale supérieure ;
Ecole des Chartes ;
Ecole de Pharmacie.

Beaux-Arts.

Ecole Nationale Supérieure des Beaux-Arts ;
Ecole Nationale des Arts décoratifs ;
Ecole du Louvre ;
Ecole de Céramique de Sèvres.

Commerce et Industrie.

Ecole Centrale des Arts et Manufactures ;
Ecole spéciale des Travaux Publics ;
Ecole Supérieure d'Aéronautique ;
Ecole Nationale des Arts et Métiers ;
Ecole Supérieure d'Electricité de Paris ;
Institut Electrotechnique de Nancy ;
Institut Electrotechnique de Grenoble ;
Ecole de Physique et de Chimie industrielles de la Ville de Paris ;
Institut de Chimie appliquée ;
Ecoles Supérieures de Commerce de Bordeaux, Dijon, Marseille, Montpellier, Nancy, Nantes, Toulouse ;
Institut Commercial de Nancy ;
Institut des sciences Commerciales de Grenoble ;
Ecole Technique Municipale de Lyon ;
Ecole Nationale d'Horlogerie de Cluses (Haute-Saône) ;
Ecole Nationale d'Horlogerie de Besançon ;
Ecole d'Horlogerie et de Mécanique de précision de Paris ;
Faculté des Sciences de Besançon (Cours spéciaux pour l'obtention du diplôme d'Ingénieur-Horloger.

Agriculture.

Institut Agronomique.

Les Carrières Administratives

Pendant la guerre, les femmes furent admises dans la plupart des administrations, pour remplacer les hommes appelés sous les drapeaux. Elles y rendirent d'excellents services ; aussi, après la démobilisation, on résolut de les maintenir dans presque toutes les fonctions, d'autant plus que nombre de fonctionnaires masculins ayant été tués, beaucoup d'emplois seraient restés vacants, si l'on avait renvoyé brusquement l'élément féminin.

Cependant, les hautes fonctions n'étaient pas encore accessibles aux femmes ; c'est seulement depuis peu de temps que la plupart des concours leur ayant été ouverts, il leur est permis de ne plus passer toute leur vie dans les emplois subalternes. Bien des anciennes élèves des lycées, bachelières et licenciées, trouvent là un débouché qui leur permet d'utiliser leurs diplômes.

La liste des carrières féminines s'allongeant chaque jour, on ne peut faire qu'une énumération fort incomplète.

Cependant, le tableau succinct des emplois administratifs montrera quel immense progrès a été accompli, en quelques années, dans ce domaine.

Concours ouverts aux femmes pourvues du diplôme de licenciée.

Rédacteur au Ministère du Commerce ;

Rédacteur au Ministère de l'Instruction Publique et des Beaux-Arts ;

Rédacteur à la Préfecture de la Seine ;

Rédacteur à l'Administration Générale de l'Assistance Publique, à Paris.

Concours ouverts aux femmes pourvues du diplôme de bachelière.

Rédacteur au Bureau International du Travail, à Genève ;

Rédacteur au Ministère de l'Agriculture ;

Rédacteur au Ministère du Travail ;

Rédacteur à la Caisse des Dépôts et Consignations (Le brevet supérieur peut remplacer le baccalauréat) ;

Traducteur au Bureau International du Travail, à Genève ;
Commissaire-Contrôleur des opérations d'assurances (Ministère du Travail).

Concours ouverts aux femmes non diplomées.

Adjoint au Chef du Service des Retraites dans les Préfectures ;
Calculateur au Service de la Statistique Générale de la France ;
Commis à l'Administration Générale de l'Assistance Publique, à Paris ;
Commis à la Préfecture de la Seine ;
Contrôleur des Retraites Ouvrières et Paysannes ;
Aide-Statisticien et Statisticien-Adjoint au Service de la Statistique Générale de France.

Emplois féminins.

Inspectrice du Travail ;
Dame classeuse-compteuse, employée à la bibliothèque ou aux copies du Service de la Statistique Générale de la France ;
Dame dactylographe de l'Administration centrale des P. T. T.,
à la direction de la Caisse Nationale d'Epargne,
dans les Services Administratifs des P. T. T.,
à la Préfecture de Police,
au Ministère des Affaires Etrangères,
au Ministère de l'Instruction Publique et des Beaux-Arts,
dans les Services Centraux des Chemins de Fer de l'Etat,
des Services Télégraphiques et Dactylographiques des Gares des Chemins de Fer de l'Etat,
au Comptoir d'Escompte,
au Crédit Lyonnais,
à la Société Générale,
au Crédit Foncier de France,
des P. T. T.
Dame expéditionnaire à la Cie des Chemins de Fer de l'Est ;
Dame Sténo-Dactylographe à l'Administration Centrale du Ministère du Commerce,
à l'Administration Centrale du Ministère du Travail,
à l'Administration Centrale du Ministère des Travaux Publics,
à l'Administration centrale de la Marine marchande,
dans les Bureaux des Ingénieurs des Ponts-et-Chaussées et des Mines.
Dame employée des Ponts-et-Chaussées ;
Dame employée au Service d'inspection de la répression des fraudes ;
Dame employée des P. T. T. ;

Souvenirs de Mairie

Il a fallu la guerre pour que les sceptiques endurcis fussent enfin édifiés sur la valeur civique de la femme : pas de domaine où elle n'ait donné la mesure de son dévouement, pas de labeur, si rude qu'il fût, dans lequel elle n'ait remplacé l'homme.

Qu'elle puisse prétendre légitimement à l'exercice des droits politiques, la question ne se pose plus devant la réalité du fait en Angleterre, en Allemagne, au Danemark et autres nations. A moins de supposer que le bon sens et la sagesse en matière constitutionnelle aient disparu de ces pays, on ne saurait prétendre que la France se lancerait dans une folle aventure en suivant leur exemple.

Le principe ne fait donc plus question. Le Parlement n'a désormais qu'à fixer les modalités auxquelles son application peut être subordonnée. La Chambre des députés s'est prononcée nettement en faveur des droits de la femme. Au Sénat de compléter l'œuvre commencée. S'il hésitait à ratifier le vote de la Chambre, je me permettrais, après bien d'autres, de lui rappeler les vertus civiques dont, bien avant la guerre, les femmes ont donné la preuve. Et ici, en même temps que j'évoquerai de vieux souvenirs, je dirai de nouveau la reconnaissance de l'ancien maire du ve arrondissement de Paris envers les femmes qui l'ont si bien secondé dans l'œuvre municipale : Caisse des Ecoles, délégation cantonale, bureau de bienfaisance, crèches, dispensaire, sont autant de terrains sur lesquels se rencontrant avec des citoyens dévoués, les femmes nous ont apporté le concours d'une activité inlassable et d'un esprit pratique qui donnait les meilleurs résultats. Leur éducation ménagère, leurs habitudes d'ordre et d'économie domestique en faisaient notamment des recrues précieuses pour la surveillance des cantines scolaires et surtout des crèches. Il faut être mère et avoir élevé des enfants pour apporter aux tout petits cette sollicitude maternelle qui, jointe à celle de la directrice et des berceuses, fait de la crèche un foyer familial.

Le bureau de bienfaisance est le champ particulièrement vaste où leur action féconde peut s'exercer. Tout d'abord, elles ne purent être que dames patronesses faisant fonctions de commissaires, chargées par les administrateurs de faire les enquêtes sur les demandes de secours et de distribuer ceux-ci. Un décret du 30 mars 1896 permit de les admettre au rang des administrateurs. Le ve arrondissement a eu l'honneur d'avoir, à Paris, la première administratrice : l'honorable Madame Mercadier, installée dans ses fonctions le 1er mai 1896, et qui les exerce encore au mieux des intérêts des pauvres. Elle doit être la doyenne des administratrices de France, car elle a maintenant, si même elle ne les a pas dépassés, 80 ans, tout entière encore à son œuvre de bonté sociale... Un incident assez curieux marqua son entrée dans la carrière.

Aux termes de l'arrêté du V prairial an XI, complété par des décrets de 1806 et 1809, le droit de quêter dans les églises est reconnu aux bureaux de bienfaisance, et cela sans avoir à se concerter avec l'autorité ecclésiastique, ainsi qu'en a décidé le Conseil d'Etat (avis d'octobre 1908). En fait, on n'use de ce droit qu'aux grandes fêtes religieuses de l'année.

La première fois que Mme Mercadier dut quêter, ce fut en l'église de Saint-Médard, à la Noël de 1896. Avisé par nous de cette quête, M. le curé s'y opposa formellement. Une main d'administratrice tendant l'aumônière aux fidèles de Saint-Médard était, à ses yeux, une énormité, un attentat aux droits de la paroisse. Moins sévère fut le curé de Saint-Etienne-du-Mont, qui autorisa notre respectable administratrice à quêter dans son église, le jour de Pâques, en 1897. Cependant notre bureau de bienfaisance avait à cœur d'imposer à Saint-Médard le respect de son droit. Mme Mercadier fut de nouveau déléguée pour y quêter le jour de la Pentecôte. M. le curé crut pouvoir tourner la difficulté en permettant à notre quêteuse de se tenir à la porte de l'église. Refus du bureau d'accepter cette concession : Mme Mercadier quêterait librement parmi les assistants. Grand émoi à Saint-Médard. M. le curé se décide enfin à consulter l'évêché sur ce qu'il doit faire. L'autorité diocésaine lui donna probablement tort, car M. le curé autorisa Mme Mercadier à quêter en toute liberté. Ce qu'elle fit, au bras de mon excellent collègue, M. Brétignère, qui, l'insigne municipal à la boutonnière, eut le grand honneur de l'acompagner dans cette excursion de charité. Inutile d'ajouter que la quête ne rapporta pas grand'chose : elle n'avait pas été recommandée au prône. Du haut de vos quatre-vingts ans, chère Madame Mercadier, comme vous devez sourire à l'évocation de cette amusante comédie qui, pour n'avoir aucun rapport avec la fameuse querelle du Lutrin. n'en émut pas moins en son temps la jolie paroisse de Saint-Médard ! Vous n'en avez certainement pas gardé rancune à ce brave Saint dont le seul souci est, j'imagine, dans une équitable répartition des averses. A qui peut faire la pluie et le beau temps, le protocole des quêtes est de bien mince importance !

La délégation cantonale du ve arondissement eut aussi la bonne fortune de compter parmi ses membres la première femme à qui la loi permit d'y figurer : l'honorable Madame Martin, veuve de l'ancien sénateur de la Seine. Ses collègues savent la grande part qu'elle prit à nos travaux. Combien utile fut encore l'action des femmes dans le fonctionnement de notre *société des amis de la classe* qui venait en aide aux soldats dont les parents étaient indigents ! Ils ne pouvaient, faute de ressources, profiter des permissions militaires, ni même se rendre au chevet de leurs parents en danger de mort. La Société leur assura les frais de route et de subsistance pendant leur séjour à Paris. Avant le départ pour le régiment, nos sociétaires-femmes entraient en rapport avec la famille des soldats, remettaient à ceux-ci un gilet de laine pour les garantir du froid, le linge dont ils manquaient souvent. J'ai encore devant les yeux ces réunions fraternelles, en la salle des mariages, de ces pauvres mères de famille et de nos bonnes sociétaires, essayant les gilets aux gars qui allaient partir. Et quand ils étaient à la caserne, ils n'étaient pas oubliés. La *Société des amis de la Classe* fut ainsi marraine... d'avant-guerre. Je n'en finirais pas si, revenant à quelque trente ans en arrière, je voulais retracer dans toute leur étendue les services multiples que les femmes ont rendus à notre municipalité. Pas de maire, à Paris ou dans la banlieue parisienne, et, sans nul doute, dans maintes autres villes de France, dont je ne sois ici l'interprète dans les remerciments auxquelles elles ont droit.

***

L'enfant même annonce parfois la dévouée qu'elle sera plus tard. Il me souvient d'une fillette de douze ans qui nous avait été signalée comme ne fréquentant plus l'école. Nous savions qu'elle avait perdu son père, il y avait deux ans, et que sa mère venait de mourir. Qui donc s'occupait maintenant de l'enfant ? Je la mandai à mon cabinet, et elle me conta son histoire. Elle n'allait plus à l'école parce qu'elle avait à élever son frère — 3 ans — et sa petite sœur... 9 mois. Chaque matin, il lui fallait conduire l'un à l'école maternelle, l'autre à la crèche ; elle les ramenait le soir, à la maison. Pendant la journée, elle faisait des petits travaux de couture, ce qui lui faisait gagner quelques sous pour vivre. « Et puis, Monsieur le Maire, ajouta-t-elle, il me faut laver le linge de la maison, et c'est pas peu de chose, vous savez, quand on veut que ses enfants soient propres ! Mais, le dimanche, on s'amuse : je les mène au Jardin des Plantes voir Martin qui monte à l'arbre, et aussi l'éléphant... on garde toujours pour lui un morceau de pain, et ce que la petite a peur, quand il allonge sa trompe ! Je ne suis tout de même pas fâchée quand on rentre, parce que ma fille est lourde à porter... pensez-donc, près de dix-huit livres, Monsieur le Maire ! » Elle était toute fière de son fardeau, cette enfant, très menue et frêle comme un roseau, mais chez qui on devinait des nerfs tendus par une forte volonté. Coppée n'eût pas manqué de lui faire une place dans ses poèmes dédiés aux Humbles...

Emu devant cet héroïsme, je ne songeais plus à lui parler de l'école ; à défaut du certificat d'études, cette enfant conquérait son brevet de belle maternité. Il va de soi que la municipalité fit de son mieux pour lui venir en aide. Elle vint me revoir, un jour, pour m'apprendre qu'elle allait en Bretagne avec ses petits ; une vieille tante les recueillait chez elle. Depuis, je n'en entendis plus parler... Puisse la chère brave se reposer enfin dans un peu de bonheur !

***

Les anciens maires ne vous font-ils pas penser à ces vétérans qui se complaisent dans le récit interminable des histoires de leur régiment, toujours le plus beau de tous, parce qu'ils y ont gagné leurs chevrons ? De fait, cette mairie du ve est restée ma vieille amie, un brin bavarde, mais si heureuse de sortir un instant de l'ombre majestueuse du Panthéon pour me rappeler les choses anciennes. Ce qu'elle chuchotait à mon cœur, je l'ai dit. Que le lecteur nous pardonne à tous deux d'avoir peut-être abusé de sa patience ! Encore un souvenir pourtant : En 1898, dans le préau de l'école des filles, rue des Boulangers, Viviani, alors notre député, soutint de sa belle éloquence le droit de la femme au travail ; il s'agissait de la possibilité pour la femme d'avoir accès au barreau. Mademoiselle Chauvin, entre l'orateur et le maire, personnifiait une légitime revendication. Salle comble, enthousiasmée par la parole ardente de Viviani qu'elle acclama de ses applaudissements. Cette soirée devait avoir, à brève échéance, une consécration légale : Sur la proposition déposée par Viviani, le 21 novembre 1898, et rapportée au Sénat par M. Poincaré, le Parlement votait la loi du 1er décembre 1900 accordant aux femmes le droit d'être avocates.

Il en est des souvenances endormies comme des chauves-souris : la lumière les réveille et les attire. Les miennes ont pris leur vol et sont venues battre des ailes autour du rayonnement que dégagent ces abnégations féminines et ces dévouements infatigables.

Quand je reviens en la mairie du Panthéon, qui, comme une infirme sur ses béquilles, attend sous ses innombrables étais, une reconstruction toujours renvoyée aux calendes administratives, je n'ai pas seulement plaisir à serrer les mains de mon successeur et ami Pierrotet, le distingué directeur de Sainte-Barbe, et de ses honorables adjoints Pennès, Taire et Collignon, tous si vaillants dans la situation difficile que la guerre et l'après-guerre ont créée aux municipalités parisiennes. Il me semble que je frôle les ombres des chers collègues disparus à jamais : Philippon, Guéret, Constantin, Brétignère, Gras, Langeron. Mon vieil ami Lampué, l'ex-doyen du Conseil municipal, où ses spirituelles allocutions savaient allier l'esprit parisien à la vervé gasconne, vit encore, heureusement, dans la robuste vieillesse de ses 80 ans. Là encore, je retrouvais l'excellent M. Guillermain, qui, pendant plus de 25 ans, a si bien dirigé les services de notre bureau de bienfaisance. Que de belles heures vécues avec eux tous dans l'union sacrée de toutes les volontés tendant vers le Bien !

Je crois marcher dans le reflet des jours et des soirs où nos Commissions se réunissaient sous la présidence du maire, avec, autour de la longue table, les citoyens et citoyennes dévouées travaillant au mieux des intérêts de l'arrondissement. Et dans la brume de ces choses de jadis, j'entrevois encore la fine silhouette de l'enfant qui, petite mère de douze ans, avait cessé d'aller à l'école...

A revivre ainsi le passé, j'éprouve ce sentiment de mélancolie dont nous pénètre, après une longue absence, le retour au pays où nous avons laissé beaucoup de notre vie.

Si ces lignes peuvent servir à prouver, au point de vue municipal, le grand civisme dont la femme est capable, ce sera tant mieux : l'éducation d'un peuple repose essentiellement sur ses vertus civiques. Qui donc oserait affirmer qu'elles sont le monopole exclusif de l'homme ?

Albert Meurgé,

Maire honoraire du Ve arrondissement de Paris.

Le Rôle des Sports dans la Victoire Féministe

De toutes les manifestations de la vitalité française qui se sont fait jour pendant ces cinquante dernières années, c'est le sport qui a eu l'évolution la plus rapide et la plus féconde en résultats. S'il a été l'école de l'énergie qui a formé les hommes auxquels la France doit la revanche et la victoire finale, on peut affirmer qu'il a marqué pour la femme la première étape de l'émancipation.

Le sport, en effet, a fourni au féminisme un de ses arguments les plus convaincants. Quand on a vu la femme aborder avec un égal succès les épreuves sportives, considérées de tout temps comme étant l'apanage du sexe fort, il a bien fallu reconnaître que quelque chose était changé dans l'antique conception de la société humaine.

Ces démonstrations de l'aptitude de la femme aux sports ont été assez nombreuses, elles ont reçu une publicité assez large, pour qu'il soit inutile de les rappeler en détail. On se souvient que le public, d'abord sceptique à l'égard de leurs résultats, s'enthousiasma bien vite en constatant qu'il ne s'agissait pas d'exhibitions ni de réclames, mais d'un effort sérieux, méthodique, répondant à une conception nouvelle du rôle social de la femme.

Dans une conférence sur « Les Sports et la Femme », dont j'avais accepté la présidence, M. de Lafreté me cita comme modèle à toutes les sportives de France, dont j'étais, disait-il, le type accompli. Cette flatteuse appréciation était sans doute excessive ; mais il est exact que, tout en satisfaisant à mes goûts artistiques et mondains, j'ai consacré une grande partie de mon existence à la pratique des exercices physiques. J'y ai trouvé, avec quelque succès, d'inoubliables jouissances morales et l'occasion de servir utilement mon pays, tout en favorisant la cause féministe.

Dans le domaine de l'aérostation, mes expériences de descente en parachute et de vol plané d'une altitude de 4,000 mètres, renouvelées à plusieurs reprises en France et en Belgique, démontrèrent l'efficacité des appareils de sauvetage aérien.

A une époque où la femme n'était pas encore conquise par l'automobilisme, je fus une adepte fervente de ce sport : j'ai disputé les épreuves internationales Paris-Berlin, Parie-Vienne

Mme du Gast dans le Riff (Maroc).

et Paris-Madrid, dont la difficulté peut se mesurer aux accidents tragiques qui les ont jalonnées.

Lors de la période périlleuse des essais de canots automobiles, dont la construction n'était pas au point, je participai aux courses de Monaco. Dans la traversée de la Méditerranée, où je frôlai de si près la mort, le *Camille*, vainqueur de la course Alger-Toulon, arborant le drapeau du féminisme, remporta le prix du ministre de la Marine, donnant un nouvel essor au rôle sportif de la femme.

Depuis, une pléïade de sportswomen se sont distinguées dans les sports les plus variés, qu'il s'agisse d'aviation, d'escrime, de natation, d'alpinisme, de gymnastique ou de jeux, tels que le tennis ou le golf. Des clubs ont été fondés par des femmes, en Angleterre et aux Etats-Unis. A Paris, même, il a été créé une Académie de Sports sur le modèle des sociétés athlétiques masculines, afin de propager l'éducation physique de la femme qui, dès l'enfance, devrait être astreinte à des exercices de culture physique bien gradués.

Enfin, il est un sport que je considère supérieur à tous les autres, car il exige de ceux qui le pratiquent un entraînement d'ensemble : c'est l'exploration.

Là aussi, la femme a voulu prendre sa part des fatigues et des périls inhérents au plus passionnant des exercices sportifs. La vie en plein air, l'insouciance des intempéries, les longues chevauchées, les dures étapes à pied, les ascensions vertigineuses, les privations, les nuits impressionnantes sous la tente, au milieu de la nature hostile, et, par dessus tout, ce sentiment d'insécurité qui fait escorte à l'explorateur comme un mauvais compagnon. Toutes ces épreuves, des femmes les ont vécues ; tous ces dangers, elles les ont affrontés. Si, — à mon insu — j'ai été un bon ouvrier de la cause féministe c'est, surtout, lorsque j'explorais des régions sauvages et inhospitalières, en qualité de chargée de missions par le gouvernement français.

J'ai rapporté de ces voyages des collections dont j'ai fait don au Museum, une ample moisson d'études et de documents, qui m'ont permis de rédiger des rapports, publiés par l'Imprimerie Nationale, sur les conditions économiques, le régime financier, les questions agricoles, le statut indigène du travail au Maroc. J'eus même la bonne fortune de contribuer à enrichir la science par la découverte d'espèces animales inconnues : une communication à l'Académie des Sciences fut faite par le professeur Bouvier, membre de l'Institut, qui me fit l'honneur de désigner sous la dénomination de *Dugastellana Marocana* et *Dugasti,* deux spécimens nouveaux.

Les renseignements et photographies recueillis au cours de ma dernière mission permirent, au service topographique du Maroc, d'établir la carte d'état-major de mon itinéraire Mogador-Agadir, carte qui porte mon nom avec l'approbation du Ministre de la Guerre.

En accomplissant des travaux que l'on avait accoutumé de réserver aux fonctionnaires de carrière, n'était-ce pas le meilleur moyen de convaincre l'administration de l'aptitude de la femme à remplir des fonctions officielles ?

Du jour où le féminisme sportif a prouvé que la femme pouvait égaler l'homme par la volonté, par l'énergie jointe à l'adresse et au sang-froid ; de ce jour, une conception nouvelle est née du rôle de la femme, qui a pu renverser les barrières traditionnelles et acquérir sa situation actuelle.

Mme du Gast sous la tente à Agadir.

Certes, les qualités sportives de la femme, si probantes qu'elle fussent, n'auraient pas suffi, à elles seules, à déterminer le succès du féminisme ; mais, leur affirmation a été un facteur primordial de l'évolution, en montrant l'inanité des préjugés séculaires, en créant dans l'opinion publique un courant sympathique, qui a permis à la femme l'ascension vers les études supérieures et les carrières libérales.

Camille du Gast.

La Femme et l'Assistance

DEPUIS 50 ANS

S'il est un domaine dans lequel la Femme s'est affirmée au cours du demi-siècle qui vient de s'écouler, c'est bien celui de l'assistance.

De tout temps, elle a plus ou moins contribué au soulagement de l'infortune, et c'est à juste titre que Mme de Rémusat a pu dire : « Pour obtenir des femmes une action, quelle qu'elle soit, il faut presque toujours les convier au bonheur d'un autre ».

Jusqu'à une période assez récente, son activité ne se bornait guère qu'à la distribution des aumônes ; elle entrevit plus tard la grandeur d'une tâche plus vaste et mieux comprise à accomplir en faveur des malheureux.

Autrefois, les femmes « faisaient la charité », aujourd'hui, elles pratiquent l'assistance, action bienfaisante née du désir de relever le nécessiteux à ses propres yeux. Mieux encore peut-être que les hommes, elle ont eu l'intuition que si le principe du secours en nature ou en espèces était nécessaire dans les cas urgents, il y avait intérêt pour la collectivité et pour l'individu même à prévenir les plaies sociales plutôt qu'à les guérir. Elles excellent dans la pratique de cette charité nouvelle, médecine sociale qui tient de l'art et de la science tout à la fois, puisqu'elle comporte d'abord un diagnostic, ensuite la recherche et l'application du remède correspondant.

Est-il rien de plus efficace pour le sans-travail que de lui procurer un gagne-pain ? pour le malade, que de lui faciliter la guérison ? pour la mère pauvre chargée de famille que de l'aider à élever ses enfants par des conseils avisés d'une part, un appui effectif de l'autre ?

C'est ainsi que, luttant contre la misère aux formes si diverses par des moyens appropriés, une floraison d'œuvres créées pour parer à des besoins multiples a surgi à côté des anciens groupements féminins d'organisation précaire.

Un des types les plus caractéristiques de ces unions de jadis fut la Société de la Charité maternelle, fondée par la reine Marie-Antoinette et qui existe encore de nos jours.

D'esprit nettement confessionnel, comme la plupart des œuvres similaires, elle eut longtemps un champ d'action limité, mais a d'ailleurs pris quelque extension aujourd'hui.

En 1870, fonctionne la Croix-Rouge française, qui recrute des infirmières dévouées pour soigner nos soldats ; des femmes de bien se préoccupent de la situation des sans-travail et créent plusieurs ouvroirs pour les chômeuses. Celui d'Elisa Lemonnier, la fondatrice des Ecoles professionnelles pour jeunes filles, qui avait fonctionné en 1848, put leur servir de modèle.

L'idée de l'entr'aide sociale était née et fit peu à peu son chemin pour le plus grand bien des déshérités. Grâce à son action salutaire, celui qui s'aidera sera aidé ; le mendiant professionnel, parasite néfaste, est démasqué. Les femmes, comprenant leur devoir, recherchent les causes du paupérisme, étudient le mal, s'unissent pour y pállier, enseignent l'hygiène physique et morale à ceux qui l'ignorent. Elles travaillent à combattre l'alcoolisme, la tuberculose, le taudis, la criminalité juvénile. Leur collaboration est si bien appréciée qu'une place dans la bienfaisance officielle leur sera réservée par les pouvoirs publics. Dans l'ordre privé naissent sous l'égide féminine une série d'institutions ingénieusement combinées.

Pour ne citer que peu d'exemples, signalons la *Société amicale de bienfaisance,* fondée en 1890 par une femme, administrée exclusivement par des femmes. Elle est synthétique, vise le soulagement de toutes les sortes d'infortunes, comme le médecin de campagne soigne toutes les maladies. Le « Vestiaire du XVI° arrondissement. », d'autre part, s'est spécialisé dans le don du vêtement, mais en dépit de son titre, est utile aux nécessiteux de Paris et de la banlieue.

Les œuvres de La Chaussée du Maine, celles de la Rue Vercingétorix, fondées ensuite, ne forment-elles pas des cycles presque complets d'assistance, organisées pour le mieux-être du travailleur modeste et de sa famille ? Des femmes les ont imaginées, les dirigent avec une méthode et un esprit de suite remarquables.

Depuis le 5 novembre 1895, l'admission des dames dans les Commissions de bienfaisance est autorisée. Elles sont nommées par le Ministre de l'Intérieur ou les préfets. Une circulaire de M. Klotz en 1916 a rappelé aux intéressés cette latitude dont on n'a pas encore suffisamment profité.

Pourtant la collaboration des femmes est très appréciée partout où elle se manifeste.

Au Congrès International d'Assistance publique et de bienfaisance privée tenu à Paris en 1900, le comte d'Haussonville émit le vœu qu'une part plus grande leur fût dévolue dans les Conseils ou toutes autres assemblées ayant pour objet l'assistance aux malheureux.

Ce vœu fut repris en 1901 par la Société Internationale pour l'étude des questions d'assistance et réitéré à divers Congrès, notamment ceux de Berlin (1910) et de Copenhague (1911). Actuellement, il y a dans l'Assistance publique des inspectrices dans des services nombreux, des déléguées officielles auprès des établissements charitables, des enquêteuses accréditées auprès des bureaux de bienfaisance ; mais le nombre de celles qui siègent dans les commissions est encore trop restreint. Une femme présida un Comité de patronage des habitations à bon marché. Le Conseil supérieur de l'Assistance publique en vit dans ses rangs. Il compte actuellement une femme parmi ses secrétaires.

Les Unions d'œuvres qui visent la coordination des efforts bienfaisants ont à leur tête des présidentes.

La voie se trouve donc largement ouverte. Elle s'est élargie encore depuis que la participation féminine aux œuvres de guerre fut si importante.

Durant le vaste conflit mondial, les femmes françaises ont « servi » partout où leur généreuse intervention était utile.

Avec un sens profond des réalités, elles déployèrent leurs aptitudes de ménagères et d'organisatrices, réconfortant et soignant les blessés, secourant les orphelins, recueillant les réfugiés et les chômeurs. Il y eut 1,000 comités de la Croix-Rouge, 1,400 hôpitaux fondés et entretenus par eux. Le service de santé compta 100.000 infirmières, dont 70.000 enrôlées à titre bénévole. A ce chiffre peut s'ajouter le contingent du personnel volontaire des cantines et dortoirs de gare, des cercles de permissionnaires, foyers du soldat, etc.

On se préoccupa du ravitaillement matériel et moral des troupes immobilisées dans les tranchées. Les « marraines » envoyèrent lettres et colis aux soldats, qu'elles hébergèrent souvent aux jours de permission. Des vestiaires munirent les blessés réformés de vêtements civils, des œuvres de rééducation mirent à même d'apprendre un nouveau métier ceux auxquels leur mutilation ne permettait plus l'exercice de la profession d'autrefois. Un gîte fut fourni aux rapatriés, du travail, à ceux qui n'en avaient pas, des moyens de cure aux tuberculeux militaires.

La protection de l'enfance ne fut pas négligée par les femmes. Elles complétèrent les institutions déjà existantes en fondant des crèches, des garderies d'enfants, de nouvelles gouttes de lait, des chambres d'allaitemnet dans les usines. Actuellement encore, elles collaborent étroitement à l'œuvre de reconstitution des pays dévastés, au moyen d'organismes dont plusieurs fonctionnent depuis la première année de la guerre.

En un mot, il n'est guère de domaine où leur impulsion secourable n'ait produit d'heureux effets.

Aujourdhui, des écoles de service social, des cours de puériculture, des jardins d'enfants, sont ouverts aux jeunes filles et vont leur permettre, à l'exemple des Anglo-Saxonnes, de joindre la pratique à la théorie en s'adonnant à cet apostolat social qu'est l'assistance. Le sentiment de solidarité qui doit les inspirer et les guider dans leur mission est une des plus belles conceptions modernes. Il vivifiera l'exercice de la sainte charité en l'adaptant aux besoins d'une société nouvelle.

A. Henry-Nathan.

Le Rôle des Femmes

DANS LA LUTTE CONTRE L'ALCOOLISME

Une des questions les plus impérieuses qui s'impose aux femmes, désireuses d'obtenir le suffrage, est, sans contredit, la lutte antialcoolique.

Gardienne du foyer et de la race, la femme voit en l'alcool son pire ennemi. Elle sait la misère matérielle et morale qu'il engendre ; elle connait les tares physiques et intellectuelles dont il frappe sa descendance. Elle ne peut assister impassible à de pareilles destructions. Les femmes françaises ont été lentes à le comprendre : il a fallu la catastrophe de la guerre pour leur ouvrir les yeux et le cœur. Il leur a fallu traverser d'indicibles douleurs pour les entrainer à servir une Patrie, doublement sacrée, puisqu'elle était arrosée du sang de leurs fils. En face du péril alcoolique, ces femmes, ces mères se sont levées, elles aussi, prêtes au combat.

L'Union des Françaises contre l'alcool a été fondée pendant la guerre, en mai 1916. Elle poursuit le but très précis d'obtenir la suppression de l'alcool comme boisson courante.

La lutte se présente sous deux formes : d'une part elle cherche à éclairer et à soulever l'opinion publique par la parole, les écrits et une propagande intense ; d'autre part, elle s'attaque sans trêve ni merci à l'inertie des Pouvoirs publics, pour obtenir d'eux le décret libérateur qui sortira l'alcool des débits pour le placer dans les pharmacies, à côté des autres poisons.

D'un trait de plume, l'alcoolisme peut être supprimé !...

C'est ce qu'ont compris une centaine de courageux parlementaires, en tête desquels il faut nommer M. Jules Siegfried. Les autres connaissent les méfaits de l'alcool, mais ils tremblent devant leurs électeurs, bouilleurs de crû ou distillateurs...

Patience ! le jour approche où les Françaises, obtenant enfin leurs droits électoraux, auront des armes nouvelles. Ce sera l'aube de la Victoire. Ah ! elles ne seront pas tendres, les nouvelles électrices, pour les soutiens de l'alcool !

Qui sait si l'écart systématique qui leur est fait ne tient pas à leur redoutable puissance !...

En attendant, debout. toutes les femmes de France, sus à tout ce qui avilit et dégrade la Patrie, sus à l'alcool ! L'ennemi du dehors a été vaincu ; l'autre, on l'aura !

M. Fallot-Matter.

Présidente de l'Union des Françaises contre l'alcool.

La lutte contre l'alcool.

Résultats du suffrage féminin.

L'alcool qui est une des sources des misères physiques de l'humanité, est maintenu au sein de la Nation par le Parlement lui-même ; ce dernier se moque de nos campagnes sanitaires dont il tire toutes sortes de conclusions plus ou moins baroques et nous oppose des raisons décevantes.

C'est ainsi que M. Ajam, député de la Sarthe, affirmait publiquement à Lille, en 1913, que « la femme électeur et éligible, s'empresserait de fermer les débits de boissons, ce qui aurait des conséquences économiques très graves ».

La première partie de la proposition nous plait à ce point que nous croyons intéressant de l'affirmer et de la consolider par des exemples. Quant à la seconde avant de la laisser tomber, qu'il nous soit permis de remarquer qu'elle est du mauvais « boniment électoral ».

M. Ajam a raison ; partout où les femmes votent, l'ivrognerie n'est plus une instiution d'Etat, et partout, soit dit sans lui déplaire, les modifications se sont faites sans secousse sociale.

La *Nouvelle Zélande* a organisé la lutte en deux temps.

Premier temps : pas d'alcool aux mineurs, le nombre des débits est limité.

Deuxième temps : 6 mois après, interdiction de vente absolue... et pas de crise économique, l'alcool est industrialisé.

L'Australie soumet l'ouverture des débits à un referendum, et bientôt après en déterminait le nombre maximum.

Aux Etats-Unis, au Canada, la vente de l'alcool est interdite sous peine de sanctions graves : lois très rigoureuses, que celles qui ont fait « extra dry » tout le continent Nord Américain, puisqu'elles ne tolèrent la vente que de boissons dites « hygiéniques » et non alcoolisées.

L'Europe marche plus doucement dans la voie de la tempérance, cependant elle a fait un réel effort, partout où les femmes ont accès à la chose publique.

C'est dans les pays du Nord, où l'ivrognerie est un vice national que la lutte s'est organisée d'abord.

Dès 1896, les femmes Finlandaises, admises aux assemblées locales, sauvèrent les campagnes, en les privant totalement d'alcool ; la prohibition moins étendue dans les villes, autosait la vente aux seuls établissements vendant des aliments chauds.

Avec la venue des femmes à la Diète, la mesure devint générale, l'alcool de bouche fut totalement défendu, — sa vente à l'industrie et à la science fut monopolisée.

En Suède, la consommation, de 23 litres par tête, est tombée à 3 litres en même temps que le nombre des débits passait de 1 pour 100 à 1 pour 5.000 habitants.

Au Danemark, en Norvège, en Islande, les mesures protectrices assainissent peu à peu.

Quant à l'Angleterre, du 4e rang qu'elle occupait dans les nations alcoolisées, elle se voit maintenant au 10e. N'est-ce pas déjà une garantie pour un avenir meilleur ?

En France, les femmes ont le droit de se taire... il faut bien que les électeurs vivent !

Yvonne Pommay,
Avocate à la Cour.

Le Féminisme à l'Etranger

C'est en 1869, en Amérique, que pour la première fois un Etat proclama l'égalité politique des sexes.

Le premier parlement du Territoire de Wyoming, déclara dans sa constitution qu'on ne devait faire aucune distinction entre les hommes et les femmes, en ce qui concerne les droits politiques. Lorsque, en 1889, le Territoire demanda au Congrès des Etats-Unis d'être reconnu comme Etat, de grands efforts furent faits auprès des hommes pour qu'ils modifiassent la Constitution de leur pays ; mais ceux-ci refusèrent de retirer aux femmes des droits qu'elles exerçaient fort utilement.

Le 27 juin 1890, l'Etat du Wyomnig entra dans l'Union, et son exemple fut alors suivi par d'autres états, jusqu'au jour où le Parlement fédéral ayant accordé le droit de suffrage aux femmes, toute l'Amérique du Nord fut vraiment une terre de liberté, puisque le Canada avait également voté cette réforme quelques années avant, durant la guerre.

En Europe, c'est l'Angleterre qui donna le signal de l'affranchissement féminin. En 1867, les femmes furent électrices pour les assemblées municipales; en 1888, pour les conseils de comté; et, en 1907, elles obtenaient l'éligibilité. Il ne s'agisait là que d'un certain nombre de femmes, le suffrage universel n'existant pas. Mais que de luttes les Anglaises eurent à soutenir pour obtenir les droits politiques qui ne leur furent accordés qu'en 1919.

Pendant ce temps, toute l'Europe du Nord avait fait bon accueil aux revendications féministes, et la guerre vint ensuite bouleverser la Russie et l'Europe centrale, de sorte qu'actuellement il n'y a plus que l'Europe latine et quelques nations balkaniques qui s'obstinent à rester en arrière de tous les pays civilisés.

***

La campagne pour les droits civils se fit partout parallèlement au mouvement suffragiste, et l'on peut aisément constater que toutes les réformes réclamées par les féministes ont été beaucoup plus vite réalisées là où les femmes avaient une influence électorale.

Peu à peu, la constitution de la famille s'est modifiée : l'épouse, la mère ayant des droits égaux à ceux du père, de l'époux. Cependant, le nombre des mariages n'a pas diminué. mais le nombre des divorces a été moins élevé ; la natalité n'a pas été en décroissant, mais la mortalité — surtout chez les enfants — a été fortement réduite, à cause des mesures d'assistance et d'hygiène dues aux femmes.

Enfin, les femmes ont su apporter dans la vie publique un élément moralisateur auquel de grands hommes d'état, de hauts magistrats se sont plu à rendre hommage.

M. Ferdinand Buisson, dans son livre *Le Vote des Femmes*, rapporte à ce sujet l'opinion des hommes les plus éminents de l'Amérique, de l'Australie et de la Norvège.

L'instruction se répandant de plus en plus dans tous les pays, des capacités féminines se sont révélées, il fallut bien, de gré ou de force, permettre aux femmes d'exercer certaines professions libérales, et les admettre aux emplois publics. Il faut indiquer que les doctoresses en médecine ont obtenu gain de cause plus rapidement que les avocates.

Un fait important à signaler, c'est la suppression de l'incapacité civile de la femme mariée, votée par le Parlement italien. Les femmes françaises ne sont pas encore parvenues à un pareil résultat.

Voici quel est, à la fin de 1920, le tableau du suffrage des femmes dans le monde :

EUROPE : *Grande-Bretagne ; Suède ; Norvège ; Danemark ; Finlande ; Hollande ; Allemagne ; Autriche ; Pologne ; Hongrie ; Russie ; Tchéco-Slovaquie ; Lithuanie ; Lettonie ; Esthonie ; Luxembourg ; Belgique (suffrage municipal).*

AMERIQUE : *Etats-Unis ; Canada.*

OCEANIE : *Australie ; Nouvelle-Zélande ; Nouvelle Galles du Sud.*

ASIE : *Azarbeïdjan ; Indes (suffrage municipal).*

AFRIQUE : *Union de l'Afrique du Sud (suffrage municipal).*

Au moment où, en France, la 3e République fête son Cinquantenaire, il est triste de constater que le Sénat ne veut pas admettre que les femmes françaises sont aussi capables, intelligentes et sérieuses, que les femmes de tous les pays que nous venons d'énumérer.

M. V.

Documents

Association pour le Droit des Femmes

1870 (1)

EXPOSÉ

La grave question de l'affranchissement des femmes fait autour de nous des progrès considérables et rapides.

En Amérique, en Angleterre, en Allemagne, en Suisse, en Italie, en Hollande, — mais surtout en Angleterre et en Amérique, — les esprits les plus éminents se prononcent en faveur des droits de la femme et des associations puissantes se forment de tous côtés pour appuyer ce mouvement.

La France, jusqu'ici indifférente et muette, ne saurait rester plus longtemps en arrière.

Il est donc urgent que tous ceux qui, dans notre pays, reconnaissent le principe de l'égalité des deux sexes devant la loi, s'unissent à leur tour et concertent leurs efforts.

En conséquence, les soussignés proposent de former une Association dont le but sera d'organiser l'agitation légale et de faire une propagande active pour préparer les esprits, tant masculins que féminins, à comprendre la légitimité d'une revendication progressive des droits inférents à toute personne humaine, dont nos lois et nos mœurs ont déshérité les femmes. Réalisons cette grande pensée de Pascal : « Ne pouvant faire que ce qui est fort soit juste, faisons au « moins que ce qui est juste soit fort. »

L'Association est basée sur les considérations suivantes :

La femme, en tant que personne humaine doit être libre et autonome.

Elle doit être libre, puisqu'elle est responsable.

Elle doit être autonome, puisqu'on lui reconnaît une conscience et une raison.

---

(1) *Le Droit des Femmes*, 24 avril 1870.

Point de responsabilité sans liberté.

Point de dignité sans autonomie.

La femme doit être considérée, sinon comme identique à l'homme, du moins comme son équivalente dans l'humanité : C'est l'égalité dans la dissemblance.

L'homme et la femme n'appartiennent-ils pas à la même famille, au même monde ? N'occupent-ils pas le même degré dans l'échelle des êtres ?

Les fonctions des deux sexes dans le milieu social et dans la famille peuvent être parfois distinctes, suivant les aptitudes ou les vocations de chacun, mais on ne saurait les prétendre supérieures ou inférieures les unes aux autres. Celles qui incombent spécialement à la femme sont aussi utiles, aussi nobles, aussi élevées que celles que remplit ordinairement l'homme : — C'est l'égalité dans la diversité.

Les devoirs moraux doivent être les mêmes pour l'homme et pour la femme. Il n'y a point deux morales : une morale féminine et une morale masculine. Le préjugé seul a pu créer de semblables distinctions.

Sous ce rapport encore, l'homme et la femme sont égaux : C'est l'égalité dans la moralité.

Il y a donc lieu de proclamer hautement l'égalité des deux sexes devant la loi et devant la morale.

Les soussignés entendent le faire et ils appellent à eux toutes les personnes de bonne volonté qui voudront bien seconder leurs efforts.

S'appuyant sur les déclarations qui précèdent, ils arrêtent entre eux les statuts dont suit le texte :

STATUTS

Art. 1. — Il est formé entre les soussignés et toutes les personnes qui adhéreront aux présents statuts, une Société dont les membres se proposent de réaliser pratiquement, en les faisant passer du domaine de la théorie dans celui des faits, les principes généraux ci-dessus énoncés.

Art. 2. — La Société prend le nom de : ASSOCIATION POUR LE DROIT DES FEMMES.

Art. 3. — Elle est formée comme Société civile, suivant les prescriptions inscrites au chapitre 3 du livre III du titre IX du Code Civil.

Art. 4. — Le premier soin de la Société doit être de constituer immédiatement un capital important qui lui permette d'étendre de plus en plus, de vulgariser, de faire progresser par tous les moyens possibles, les idées de justice et de légitime revendication dont elle se fait l'organe direct.

Art. 5. — En conséquence, chaque sociétaire s'engage en souscrivant, à verser une cotisation annuelle dont il déterminera lui-même le montant.

Art. 6. — L'Association devant être ouverte aux personnes les plus pauvres comme aux plus riches, il n'est fixé ni maximum ni minimum.

Art. 7. — Les cotisations seront payées d'avance, par fractions qui ne pourront être moindres d'un douzième.

Art. 8. — La Société se compose :

1° de membres titulaires ;
2° de membres adhérents ;
3° de membres donateurs.

Seront membres titulaires, les personnes qui, en souscrivant, feront connaître leur nom, prénoms, profession et domicile.

Seront membres adhérents, les souscripteurs qui déclareront vouloir garder l'anonymat.

Seront membres donateurs, tous ceux qui sans souscrire aux présents statuts, témoigneront leur sympathie pour l'œuvre d'affranchissement des femmes, par un versement unique d'au moins cent francs ou qui feront à la Société des dons ou legs, soit en argent, soit en meubles, soit en immeubles. Les anonymes peuvent être membres donateurs.

Art. 9. — Sont admis à faire partie de l'Association les hommes et les femmes qui déclareront reconnaître le principe de l'égalité des deux sexes devant la morale comme devant la loi et promettront d'employer tous les moyens que leur confèrent les lois en vigueur, pour réaliser pratiquement le but de la Société. Parmi ces moyens, la Société place en première ligne et recommande à tous ses membres la propagande écrite et parlée, et les pétitions aux corps constitués demandant l'abrogation ou la réforme des lois, qui, jusqu'à présent, ont réglé la vie sociale des femmes.

Art. 10. — L'Association ne reconnaît point de frontières. Toute personne sympathique à son but peut en faire partie, sans distinction de nationalité.

Art. 11. — La propagande étant, dans le moment actuel, l'objet le plus pressant de la Société, les fonds à provenir des versements effectués par les Sociétaires ou les donateurs seront d'abord employés :

1° A soutenir la publication de l'organe accrédité de la Société ;

2° A l'organisation de conférences sur la question des femmes, tant à Paris que dans les départements ;

Et, subsidiairement, lorsque les ressources de la Société le permettront :

A la création de bibliothèques spéciales pour les femmes et les jeunes filles ;

A la fondation d'écoles primaires et secondaires pour les jeunes filles ;

A l'établissemnt de lycées féminins ;

A la création d'une caisse de secours destinée à venir en aide aux sociétaires malheureuses ;

A la fondation de bourses et livrets de la Caisse d'épargne, pour les jeunes filles pauvres et méritantes.

En un mot, à tout ce qui peut être de nature, soit à vulgariser les principes de l'Association, soit à maintenir dans la voie du bien l'innombrable quantité de jeunes filles que la misère, l'abandon ou le défaut d'une bonne éducation première, livrent sans défense aux entraînements de la convoitise et du luxe.

Art. 12. — Auront droit, dans la mesure des ressources disponibles, à l'aide protectrice de la Société, toutes les femmes sociétaires sans fortune, offrant des garanties de capacité et de moralité dûment constatées, qui voudraient entrer dans les carrières jusque-là réservées aux hommes, telles que le doctorat en médecine et le doctorat en droit, ou que des aptitudes supérieures porteraient à se livrer aux hautes études dont sont habituellement exclues les femmes, lorsque ces études seront faites en vue d'un résultat pratique. Dans ces deux cas, la Société payerait les livres de sciences, les instruments de physique et de chimie, les inscriptions, et, si cela était nécessaire, une petite pension alimentaire jusqu'à la fin des études.

Art. 13. — Les femmes ayant la qualité de membres titulaires, auront seules droit aux secours de la Société, en justifiant qu'elles en font partie depuis au moins trois ans.

Art. 14. — Tous les emplois que nécessitera le fonctinnnement de la Société, seront. de préférence et autant que faire se pourra, remplis par des femmes sociétaires, et rétribués s'il y a lieu.

Art. 15. — Lorsque la position de fortune d'une femme sociétaire ne lui permettra pas de mettre à profit les droits que la loi lui reconnaît, la Société lui viendra en aide moralement et pécuniairement.

A cet effet, la Société instituera, aussitôt que possible, un conseil judiciaire, nommé et payé par elle, pour être à la disposition de toute femme sociétaire pauvre qui serait maltraitée ou lésée dans ses droits ou dans ses intérêts particuliers.

Toute sociétaire qui se trouverait avoir besoin du Conseil Judiciaire, adressera par écrit une demande explicative au Grand Conseil d'Administration, qui examinera sa demande, et décidera s'il y a lieu d'accorder, sur les fonds de la Société, la somme nécessaire pour mener l'instance à bonne fin.

Art. 16. — Seront expulsés de l'Association tous les membres titulaires ou adhérents qui ne rempliraient pas leurs engagements ou seraient préjudiciables aux intérêts de la Société.

L'exclusion sera prononcée par le Comité local, sauf recours devant le Grand Conseil d'Administration ci-après institué, lequel prononcera en dernier ressort.

La preuve des faits articulés sera admise.

Art. 17. — Chaque sociétaire recevra une carte d'admission.

Elle sera nominative pour tous les membres titulaires et les donateurs qui se feront connaître.

Les membres adhérents étant anonymes, seront désignés sur le livre à souche par un simple numéro d'ordre qui sera reproduit sur la carte d'admission et répété sur les quittances de cotisation.

Art. 18. — Les sociétaires, titulaires ou adhérents, qui cesseront de payer leur cotisation, seront rayés de l'Association au bout d'un an, et leurs cotisations antérieures resteront acquises à la Société. Toutefois, le membre qui se trouverait dans ce cas, pourra rentrer dans la Société en payant de nouveau sa cotisation, après décision favorable du Comité local.

Art. 19. — Le siège de l'Association est à Paris. Il est établi provisoirement rue du Paradis-Poissonnière, n° 1 bis.

Il pourra être changé par décision du Comité central, ou Grand Conseil d'Administration, institué par les articles 23 et 24 ci-après.

Art. 20. — L'Association se compose d'autant de groupes distincts qu'il en pourra être formé.

Le groupe fondateur, constitué à Paris, prend le nom de GROUPE PARISIEN DE L'ASSOCIATION POUR LE DROIT DES FEMMES.

Les groupes établis en province et à l'étranger choisiront eux-mêmes la dénomination qui leur conviendra le mieux, mais en y ajoutant toujours les mots : ASSOCIATION POUR LE DROIT DES FEMMES.

Art. 21. — Toute personne habitant la province ou l'étranger pourra, sur sa demande, faire partie du groupe Parisien, dans le cas où il lui conviendrait mieux de s'associer à ce groupe qu'au groupe local de son lieu d'habitation. La question du domicile ne doit apporter aucune entrave à la liberté des sociétaires qui s'associeront, s'uniront et se grouperont suivant leurs sympathies ou leurs convenances personnelles.

Art. 22. — Chaque groupe local devra élire un Comité Administratif composé d'un nombre de membres en rapport avec la quantité de ses sociétaires.

Art. 23. — Les groupes locaux de province et de l'étranger, pour éviter la désagrégation de la Société, et resserrer les liens d'étroite solidarité qui doivent unir les membes de cette grande famille morale, devront se relier tous par la désignation d'un délégué, au Comité central réuni à Paris.

Ce délégué pourra être choisi parmi les sociétaires de Paris, qu'ils soient ou non déjà membres du Comité central Parisien.

Art. 24. — Le Comité central se compose :

1° De tous les membres formant le Comité local du groupe Parisien ;

2° D'un délégué de chaque groupe départemental ou étranger.

Il siège à Paris et élit lui-même son bureau.

Il prend le titre de GRAND CONSEIL D'ADMINISTRATION.

Il fait seul son réglement intérieur.

Art. 25. — Les décisions du Comité central ou Grand Conseil d'Administration, engagent tous les groupes locaux représentés ou mis en demeure de l'être.

Art. 26. — Chaque Comité local fera son réglement particulier qui ne sera obligatoire que pour lui et son groupe. Tout article d'un réglement particulier qui serait contraire aux présents Statuts ou aux décisions du Grand Conseil, sera nul de plein droit.

Art. 27. — Les groupes locaux auront toujours la libre et entière disposition des fonds par eux reçus. Toutefois, chacun d'eux devra aider, par des cotisations régulières, payables trimestriellement et d'avance, mais dont le chiffre sera fixé chaque année par lui-même, les publications et fondations d'intérêt collectif énumérées dans l'article II ci-dessus.

En outre, chaque groupe devra participer, dans une proportion qui sera fixée par le Grand Conseil d'Administration, à la formation d'un fonds commun de réserve dont la gérance appartiendra au Comité central.

Art. 28. — Les groupes locaux qui ne se conformeront pas aux prescriptions des présents Statuts, ne pourront se dire membres de l'Association pour le Droit des Femmes. Dans le cas où, après s'être conformés à ce réglement général, ils cesseraient de le faire, ils devront abandonner leur dénomination. Le titre : ASSOCIATION POUR LE DROIT DES FEMMES étant expressément réservé.

Art. 29. — Le journal le « Droit des Femmes » sera, jusqu'à décision contraire du Grand Conseil, l'organe accédité de la Société.

Les associés devront, autant que possible, s'y abonner et s'attacher à le répandre, de façon à faire pénétrer l'idée revendicatrice dans l'esprit des personnes de leur entourage.

Art. 30. — Les présents Statuts ne pourront être notifiés que par décision du Grand Conseil d'Administration et à la majorité absolue des voix.

Aucune résolution emportant modification des Statuts ne sera valable si les deux tiers au moins des membres du Grand Conseil n'ont pas pris part au vote.

Disposition transitoire

Art. 31. — Les personnes qui entreront dans la Société avant le premier août 1870, auront le titre de : MEMBRES FONDATEURS.

Art. 32. — Tous pouvoirs sont donnés au porteur d'une expédition ou d'un extrait des présents Statuts pour le faire publier, transcire et déposer partout où besoin sera.

Fait à Paris, le 16 Avril 1870.

Ont signé :

Mmes Léon Richer. — Maria Deraismes. — Veuve Feresse-Deraismes. — Amélie Bosquet. — E. Garçin. — Nelly Lieutier. — Camille Périer. — Anaïs Tiranty. — De Bovet (Louise Audebert). — Comtesse de Guyon, etc., etc.

M. Léon Richer.

Promoteur et organisateur de l'Association dont les statuts précèdent, je me trouve être, pour le moment, — ainsi qu'on a pu le remarquer, — le seul homme signataire. Mais cela tient à ma situation toute exceptionnelle et non au refus de mes collaborateurs ; je puis assurer d'avance, au contraire, que la plupart des rédacteurs du *Droit des Femmes* se feront un devoir et un honneur de s'inscrire les premiers.

Dans quelques jours, nous élirons les membres du Comité local parisien ; nous en ferons immédiatement connaître la composition.

Que toutes les personnes en position de réunir autour d'elles, ne fût-ce que trois ou quatre adhérents ou adhérentes, s'empressent de former de leur côté des groupes locaux. Il faut commencer par de petits noyaux pour grandir ensuite.

L'Association qui débute aujourd'hui par 25 ou 30 sociétaires, et qui, dans huit jours en enregistrera 150 ou 200, n'est qu'à l'état de germe. Mais ce germe se développera, s'étendra. Avant un an, nous aurons des associés sur tous les points de la France et au-delà, je l'espère bien.

Il suffira, pour faire partie de notre Association, de nous écrire en déclarant le chiffre de la cotisation annuelle pour laquelle on s'engage, et de joindre à la lettre de demande le montant du premier mois, du premier trimestre ou du premier semestre, suivant le mode de paiement que l'on entend choisir.

Aucun chiffre n'est imposé ; chacun souscrit selon ses moyens A côté des souscriptions volontaires limitées à six francs par an (cinquante centimes par mois), nous voyons arriver des versements de cent francs. C'est ainsi que les riches viennent en aide aux pauvres

Les personnes qui tiendront à garder l'anonymat voudront bien nous en prévenir ; leur simple recommandation suffira.

Quant à celles qui redouteraient une indiscrétion de notre part, et voudraient demeurer inconnues, même de nous, nous leur recommandons simplement de nous indiquer un moyen quelconque de correspondance, afin que nous puissions leur faire connaître le numéro d'inscription qui leur aura été attribué et les tenir au courant des résolutions du Comité Central.

Et maintenant à l'œuvre !

Les timides, les peureuses, comme j'ai osé dire un jour, — n'ont plus de raisons sérieuses à faire valoir pour se tenir à l'écart. Tout le monde pouvant rester masqué, aucune excuse, si ce n'est l'indifférence, ne pourra être mise en avant.

L'indifférence, dans ce cas, serait une grande faute. On n'a pas le droit de rester indifférente devant l'injustice.

Toute femme peut aujourd'hui, sans se compromettre, aider nos efforts et marcher même de concert avec nous. Aussi, comptons-nous sur de nombreuses adhésions.

Le nombre est le premier élément de la force — l'union n'est que le second.

Soyons donc nombreux et unis.

Hommes et femmes de toutes les conditions : tendons-nous la main !

Léon RICHER.

Ligue Française pour le Droit des Femmes.

LE PROGRAMME DE 1882 (1)

La Loi dit :

La fille, à partir de quinze ans, répond seule de sa vertu ;

La séduction n'est pas un délit ;

La corruption, même d'une fille mineure, n'est pas un délit ;

La recherche de la paternité est interdite ; (2)

La recherche de la maternité est permise ;

Les enfants naturels sont à la charge de la mère seule ; (3)

Toute promesse de mariage est nulle, — fut-elle suivie de l'abandon de l'enfant ;

L'homme, dans le mariage, exerce seul l'autorité paternelle ;

Pour marier les enfants, le consentement du père suffit ; si la mère refuse le sien, on passe outre ;

Le mari a l'administration des biens personnels de sa femme ;

Le mari peut vendre, si cela lui plaît, le mobilier conjugal ;

Il peut disposer de tous les effets mobiliers, valeurs, meubles, bijoux, etc..., sans consulter sa femme, et cela même à titre gratuit, même au profit d'une tierce personne (lisez : d'une concubine) ;

La femme ne peut ni faire, ni recevoir une donation, fut-ce d'un membre de sa famille, sans le consentement de son mari ;

Ne peuvent être tuteurs ni membres d'un conseil de famille, les mineurs, les interdits, les hommes d'une inconduite notoire, les individus condamnés à une peine infamante... et les femmes ! (4)

---

(1) Le Droit des Femmes, novembre 1882.

(2) La recherche de la paternité a été autorisée par la loi de 1912.

(3) La loi de 1907 a modifié la situation des enfants naturels.

(4) La loi de 1917 a permis à toutes les femmes d'être tutrices.

L'adultère du mari, perpétré en dehors du domicile conjugal, n'est pas punissable ;

L'adultère de la femme, en quelque lieu qu'il soit consommé, est punissable ;

Le meurtre commis par l'époux sur l'épouse ainsi que sur le complice à l'instant où il les surprend en flagrant délit dans la maison conjugale, est excusable ;

Le meurtre commis par l'épouse, dans les mêmes circonstances, n'est pas excusable ;

La femme ne peut être admise comme témoin dans les actes de l'état civil, les testaments, les baux, ventes, partages de famille ou autres actes publics ; *sa signature ne fait pas foi !* (1)

Voilà ce que dit la Loi, — et une foule d'autres choses non moins humiliantes, que les femmes ignorent ou qu'elles n'apprennent que trop tard, lorsque le malheur lui-même s'est chargé de leur ouvrir les yeux.

NOUS VOULONS :

Que la jeune fille, même au-dessus de quinze ans, soit garantie par la loi contre les surprises des coureurs d'aventures ;

Que la séduction soit punie ;

Que la corruption soit punie ;

Que la recherche de la paternité soit permise, comme est permise la recherche de la maternité ;

Que le père naturel soit responsable ;

Que l'enfant naturel soit à la charge de ses deux auteurs ;

Qu'une promesse de mariage ne soit pas considérée comme moins sérieuse qu'une promesse de vente, et qu'elle donne droit, en cas de rupture, à des réparations morales ou autres proportionnelles au dommage causé ;

Que l'autorité sur les enfants soit commune au père et à la mère ;

Que le consentement de la mère soit aussi nécessaire, pour le mariage, que celui du père ;

Que l'administration des biens personnels de la femme n'appartienne pas de droit et exclusivement au mari ;

(1) Modifié par la loi de 1897.

Que le mari ne puisse vendre, sans le consentement de sa femme, les meubles garnissant le ménage ;

Qu'il ne puisse disposer librement et seul, soit à titre gratuit, soit même à titre onéreux, des valeurs ou effets mobiliers dépendant de la communauté, ou appartenant à l'un des époux ;

Que la femme puisse faire et recevoir des donations sans le consentement de son mari, en se conformant aux prescriptions de la loi ;

Qu'elle cesse, en ce qui concerne les conseils de famille, d'être assimilée aux mineurs, aux imbéciles et aux repris de justice ;

Que l'adultère du mari soit assimilé à l'adultère de la femme ; c'est-à-dire que l'adultère perpétré par le mari en dehors du domicile conjugal, ait le même caractère délictueux que l'adultère accompli dans la maison commune .

Que le témoignage de la femme fasse foi dans les actes d'état civil et les actes publics, comme il fait foi devant les tribunaux criminels.

Nous Voulons :

Que la morale soit une ;

Que ce qui est interdit à la femme ne puisse être permis à l'homme ;

Que les pouvoirs publics, gardiens naturels des mœurs, cessent de favoriser la débauche en autorisant, protégeant et réglementant la prostitution.

Nous Demandons en outre :

Au nom de la sainteté même du mariage,

Au nom de la pureté des mœurs,

Au nom de la morale,

Que le régime hypocrite de la séparation de corps — qui rompt le mariage sans le dissoudre, sépare les époux sans les désunir et ouvre la porte à de honteux compromis — soit remplacé par le divorce entouré de toutes les garanties légales jugées nécessaires.

Enfin nous Voulons :

Que toute femme puisse vivre honnêtement du produit de son travail, sans être obligée de recourir aux ressources immondes de la prostitution publique ou clandestine.

En résumé :

1° Identification complète de l'homme et de la femme au point de vue de la possession légale et de l'exercice des droits civils, en attendant la possession légale et l'exercice des droits politiques ;

2° Conservation par la femme de la plénitude de ses droits dans le mariage. Plus de subordination de l'épouse à l'époux ; droit de la mère égal au droit du père ;

3° Rétablissement du divorce ;

4° Initiation progressive de la femme à la vie civique ;

5° Seule et même morale pour les deux sexes ; ce qui est excusable chez l'un ne pouvant être blâmable, — quelquefois même criminel, — chez l'autre ;

6° Abolition de la prostitution réglementée ; fermeture immédiate de toutes les maisons de débauche ; suppression de la police improprement désignée sous ce nom de police des mœurs ;

7° Droit absolu pour la femme de développer son intelligence par l'éude, de cultiver sa raison, d'étendre le cercle de ses connaissances, sans autres limites que celles résultant de ses aptitudes ou de sa volonté ;

8° Libre accès des femmes à toutes les professions et à toutes les carrières pour lesquelles elles justifieront, au même degré que les hommes et après examens semblables, des capacités et des aptitudes nécessaires ;

9° Application rigoureuse, sans distinction de sexe, de la formule économique : *A produit égal, salaire égal.*

Ligue Française pour le Droit des Femmes.

STATUTS

Adoptés par l'Assemblée Générale du 25 juin 1919 (1)

Article 1er. — La Ligue Française pour le Droit des Femmes, dont le siège social est à Paris, a pour but la revendication des droits de la femme et la défense de ses intérêts.

Article 2. — Est membre adhérent à la Ligue toute personne qui accepte les présents statuts et s'engage à verser une cotisation minimum de douze francs par an.

Cette cotisation annuelle peut être remplacée par un versement unique de cent cinquante francs, donnant le titre de membre perpétuel.

Est membre propagandiste, tout adhérent qui souscrit à la revue « Le Droit des Femmes », un ou plusieurs abonnements de propagande, dont il peut indiquer les bénéficiaires.

Article 3. — Les Groupes locaux statuent sur les adhésions et les radiations des membres de la Ligue, sous réserve d'appel au Comité central, qui, s'il y a lieu, portera la question devant la plus prochaine Assemblée Générale.

Administration de la Ligue.

Article 4. — La Ligue est administrée par un Comité central de 24 membres et 5 suppléants nommés par l'Assemblée Générale annuelle.

Le renouvellement du Comité a lieu chaque année par tiers. Les

(1) Avec les modifications votées le 1er novembre 1920, en ce qui concerne les cotisations.

membres sortants sont rééligibles. Les membres suppléants sont désignés chaque année.

Les candidats au Comité Central sont présentés soit par les groupes, soit par le Comité Central.

Article 5. — Le Comité élit son bureau.

Le Bureau se compose : d'un Président ou d'une Présidente, de quatre Vice-Présidents ou Vice-Présidentes, d'un ou d'une Secrétaire Général, de deux Secrétaires, d'un Trésorier ou d'une Trésorière, d'un Trésorier-Adjoint ou d'une Trésorière-Adjointe.

Le Bureau est renouvelable chaque année. Les membres sortants sont rééligibles.

Article 6. — Une Commission de Contrôle composée de cinq membres est nommée chaque année par l'Assemblée Générale.

Les membres sortants sont rééligibles.

Article 7. — Le Comité Central est chargé d'organiser la propagande, de coordonner tous les efforts des groupes, de provoquer la formation de groupes nouveaux, de faire toutes démarches nécessaires auprès des pouvoirs publics, de saisir la presse de toutes questions intéressant soit la propagande générale de la Ligue, soit plus particulièrement les groupes locaux, et d'éditer toutes publications utiles.

Il administre le buget général de la Ligue qui comprend :

1° Une part des cotisations perçues par les groupes, soit : 6 francs par membre adhérent ou fondateur, 1 franc par membre associé, 75 francs par membre perpétuel.

2° Le montant des abonnements à la revue « Le Droit des Femmes ».

3° Les dons faits à la Ligue.

4° Le produit des réunions, fêtes et conférences organisées par le Comité Central.

5° La vente des objets de propagande.

6° Les bénéfices sur toutes les publications faites par le Comité Central.

Groupes de la Ligue.

Article 8. — Les membres de la Ligue peuvent se réunir en groupes locaux ou régionaux.

Toute demande de formation de groupe doit être adressée par écrit au Comité Central. La demande indique la circonscription territoriale du nouveau groupe.

Le groupe porte obligatoirement le nom de « Ligue Française pour le Droit des Femmes » avec l'indication de la circonscription territoriale où il fonctionne.

Article 9. — Les Groupes sont autonomes.

Ils sont administrés par un Comité élu chaque année en Assemblée Générale.

Article 10. — Chaque groupe a le droit de recevoir : 1° des membres fondateurs dont la cotisation annuelle est de 20 francs au moins ; 2° des membres associés dont il fixe la cotisation minimum entre 2 fr. et 5 fr. par an.

Les membres associés ne sont éligibles ni aux Comités des groupes locaux, ni au Comité Central. Les groupes peuvent en outre prescrire dans leur règlement intérieur qu'ils n'auront que voix consultative dans les Assemblées.

Article 11. — Chaque groupe administre son budget qui comprend :

1° Les versements des membres perpétuels ; les cotisations de ses membres (fondateurs, adhérents ou associés,) déduction faite de la part due au Comité central.

2° Les dons.

3°. Les produits des fêtes, réunions, conférences ou vente d'articles de propagande.

Article 12. — Chaque année, avant le premier juillet, les groupes envoient au Comité Central la part qui lui revient sur les cotisations perçues par le groupe.

Article 13. — Les adhérents individuels qui ne seront pas rattachés à un groupe local seront inscrits d'office au groupe de Paris.

Article 14. — Les groupes cesseront d'exister soit par la dissolution volontaire, soit par la dissolution obligatoire.

La dissolution volontaire d'un groupe ne pourra être ordonnée que par une Assemblée Générale de ce groupe, convoquée spécialement à cet effet et réunissant au moins les deux tiers des membres adhérents. Le Comité Central devra être prévenu au moins quinze jours à l'avance de cette Assemblée Générale à laquelle il aura le droit de se faire représenter. A la suite de cette Assemblée, au cas où la dissolution serait votée, copie du procès-verbal revêtu des signatures du Président et du Secrétaire de la séance, sera envoyée dans la huitaine au Comité Central.

En cas d'infraction aux statuts de la Ligue, le Comité Central prononcera la dissolution du groupe sous réserve d'appel à l'Assemblée Générale de la Ligue.

En cas de dissolution du groupe, et quel qu'en soit le motif, les archives et les fonds en caisse doivent être adressés au Comité Central, dans le délai d'un mois.

Groupes affiliés.

Article 15. — Toutes les Sociétés qui désirent coopérer à la propagande féministe de la Ligue, peuvent être, sur leur demande écrite adressée au Comité Central, admises à titre de groupes affiliés à la Ligue.

Article 16. — Les groupes affiliés à la Ligue s'engagent à accepter les présents statuts et à verser une cotisation minimum de 20 francs par an.

Article 17. — Ils participent aux Assemblées Générales dans les conditions prévues à l'article 20.

Assemblée générale.

Article 18. — L'Assemblée Générale de la Ligue a lieu une fois par an.

Elle se compose des Délégués des groupes de la Ligue et des Délégués des groupes affiliés.

Elle est convoquée par le Comité Central.

Article 19. — Les groupes de la Ligue désignent, pour les représenter, un Délégué par 25 membres adhérents ou fraction de 25, et un Délégué par 100 membres associés ou fraction de 100, supérieure à 50.

Chaque groupe a le droit de désigner autant de délégués suppléants que de titulaires ; les délégués suppléants ne peuvent prendre part aux débats et au vote qu'en l'absence des titulaires.

Article 20. — Chaque société affiliée est représentée à l'Assemblée Générale par un délégué ou un suppléant.

Article 21. — L'Assemblée Générale entend :

1° Un rapport moral présenté au nom du Comité Central par le Secrétaire Général.

2° Un rapport financier présenté également au nom du Comité Central par le Trésorier.

3° Un rapport de la Commission de Contrôle,

Ces rapports sont soumis à son approbation.

Elle procède à l'élection du tiers des membres du Comité Central, et s'il y a lieu, au remplacement des membres décédés ou démissionnaires.

Elle discute les questions d'organisation, d'administration ou de propagande inscrites à son ordre du jour.

Article 22. — L'ordre du jour de l'Assemblée Générale est fixé par le Comité Central.

Les groupes sont invités à faire connaître au Comité Central les questions qu'ils désirent voir discuter à la plus prochaine Assemblée Générale.

Article 23. — Les groupes qui ne pourraient pas se faire représenter à l'Assemblée Générale ont le droit de voter par correspondance pour l'élection des membres du Comité Central.

Article 24. — Une Assemblée Générale extraordinaire peut être convoquée par le Comité Central, soit sur sa propre initiative, soit à la demande d'un ou plusieurs groupes représentant au moins un tiers des membres adhérents de la Ligue.

La revue " Le Droit des Femmes "

Article 25. — Aussi souvent que ses possibilités financières le lui permettent, le Comité Central publie, sous le titre « Le Droit des Femmes » une Revue périodique dont le service est fait gratuitement à tous les membres adhérents de la Ligue, au Président et au Secrétaire Général de chacun des groupes affiliés.

Modification des Statuts — Dissolution

Article 26. — Les présents statuts ne peuvent être modifiés que par une Assemblée Générale portant cet objet à son ordre du jour.

Article 27. — La dissolution de la Ligue ne pourra être votée que par une Assemblée Générale convoquée spécialement à cet effet et réunissant des Délégués représentant au moins les deux tiers des membres adhérents.

En cas de dissolution, les fonds en caisse seront versés à une Société similaire.

Programme de la Ligue

(1920)

Egalité civile, économique et politique des deux sexes.
Antialcoolisme.
Pacifisme.

Premières réformes demandées :

AU POINT DE VUE POLITIQUE :

Ratification par le Sénat de la loi votée par la Chambre des Députés, accordant aux femmes les droits politiques.

AU POINT DE VUE CIVIL :

Réforme des lois relatives au mariage.
Modification du régime matrimonial de droit commun.
Abolition de l'incapicité civile de la femme mariée.
Droit pour la femme de conserver sa nationalité.
Droits de la mère égaux à ceux du père.
Modification de la loi sur la recherche de la paternité.
Réforme de la loi sur le divorce.
Suppression de la correction paternelle.

AU POINT DE VUE ÉCONOMIQUE :

Admission des femmes à tous les emplois publics.

Egalité de traitement à égalité de grade, pour les fonctionnaires des deux sexes.

Egalité de salaire à égalité de travail, pour les ouvriers et ouvrières des manufactures de l'Etat, des entreprises départementales et municipales.

Création de prix de série pour les travaux féminins.
Eligibilité des femmes aux Chambres et Tribunaux de Commerce.
Réforme de la loi sur les retraites ouvrières.

AU POINT DE VUE SOCIAL :

Suppression de l'alcool de bouche.
Abolition de la prostitution réglementée.
Education intégrale. — Coéducation.
Admission des femmes dans le jury.

BIBLIOGRAPHIE FÉMINISTE

Les principales questions du féminisme, par DE LA GRASSERIE. — Bruxelles, 1895-1897.

Le Féminisme Français, par Charles TURGEON. — Larose, Paris, 1902.

Le Féminisme, par Mme Avril de SAINTE-CROIX. — Giard et Brière, Paris, 1907.

Le Féminisme, par Emile FAGUET. — Société française d'imprimerie et de librairie, Paris, 1910.

Le Vote des Femmes, par Ferdinand BUISSON. — Dunod et Pinat, Paris, 1911.

Le Suffrage des Femmes au Colorado, par Georges CRÉEL et Ben LINDSEY. — 1911, Edition française : 53, rue Scheffer, Paris.

La Position des Femmes dans les Lois des Nations. — Conseil international des Femmes, 1912.

Le Suffrage des Femmes en pratique, par Chrystal MACMILLAN, Marie STRITT et Maria VÉRONE. — Alliance Internationale pour le Suffrage des Femmes, 1913. Edition française : 14, rue Milton, Paris.

Résultats du Suffrage des Femmes, par Maria VÉRONE. Paris, 1914.

La Femme Française, son activité pendant la guerre, par Marie de la HIRE. — Tallandier, Paris, 1917.

Pourquoi les femmes veulent voter, par Maria VÉRONE. Paris, 1919.

Pour le Droit des Femmes, par Louis COPIN. — Ligue Française pour le Droit des Femmes, Paris, 1919

La Femme et les Livres, par Albert CIM. — de Boccart, Paris, 1919.

L'Heure de la Femme, par Lise ANCELLE. — Edward Sansot, Paris, 1919.

Ce que toute Femme moderne doit savoir, par Mme Berthe DANGENNES. — Edition Nilsson, Paris, 1920.

Quelles sont les meilleures carrières techniques pour les Femmes ?, par Maurice FACY. — Paris, 1920.

La Femme et la Loi, par Maria VÉRONE. — Larousse, Paris, 1920.

Une Vie et un Exemple : Susan-B. Anthony, par Emilie GOURD. — Genève, 1920.

La Femme et le Vote, par Marie PARENT, Bruxelles, 1920.

Le Suffrage des Femmes, par Joseph BARTHÉLEMY. — Félix Alcan, Paris, 1920.

Pourquoi nous demandons le droit de vote pour la Femme, par A. DE MORSIER. — Genève, 1920.

Objets de Propagande

Coupe-papier ouvre-lettre « La femme doit voter », objet artistique en bronze argenté .... 3 »»

Sous-main illustré, avec reproduction sous émail de tableaux de maîtres, et citations féministes. ... . 10 »»

Broche « Le Droit des Femmes », métal argenté et émail . .. 3 »»

Broche « Jus Suffragii » métal doré et pierres de pays...... .. 5 »»

Buvards illustrés, avec citations féministes.. ......la feuille 0 10

Pochette féministe. Cartes postales illustrées :

1re série, 6 cartes.. .... 0 30

2e série, 12 cartes 0 60

Papillons suffragistes gommés. Textes divers, le cent 0 75

La France parlementaire féministe. Vote par la Chambre de la loi sur le suffrage des femmes, la feuille.................. 0 05

Tous les objets, livres et brochures de propagande sont en vente au siège de la Ligue, 14, rue Milton, Paris 9e.

Permanence ; tous les samedis après-midi de 3 heures à 5 heures.

TABLE DES MATIÈRES

Pages.

TABLE DES ILLUSTRATIONS

EN VENTE

AU SIÈGE DE LA LIGUE

14, rue Milton, PARIS (9e)

Le Suffrage des Femmes en pratique, par Chrystal Macmillan, Marie Stritt et Maria Vérone, 1 fort volume.... 1 80

Résultats du Suffrage des Femmes, par Maria Vérone, 1 brochure.... 0 50

Pourquoi les Femmes veulent voter, par Maria Vérone, 1 brochure.... 0 50

Pour le Droit des Femmes, par Louis Copin, 1 brochure.... 0 50

La Femme et la loi, par Maria Vérone, 1 volume.... 1 50

La Femme et le vote, par Marie Parent, 1 brochure. 0 25

Port en sus.

Imprimerie Vosgienne, 15, rue des Minimes. — Epinal

www.ingramcontent.com/pod-product-compliance
Ingram Content Group UK Ltd.
Pitfield, Milton Keynes, MK11 3LW, UK
UKHW022111260726
13993UKWH00001B/447